집중력은 공부뿐만 아니라 일상생활 전반에서
반드시 필요한 능력입니다.
누구나 알고 있듯 집중력이 높으면
공부나 업무 효율이 높아지기 때문에
같은 능력을 가진 사람이라 하더라도 집중력에 따라
성취 수준이 달라집니다.
또 집중력이 높은 사람은 자신의 생각, 정서, 행동에 대한 조절 능력,
즉 자기통제력을 잘 발휘하기 때문에
사회성과 리더십도 함께 성장합니다.
집중력은 자녀의 행복과 성공에 꼭 필요한 능력입니다.

《아이의 집중력, 부모에게 달려 있다: 실전 워크북》에는 시각 집중력, 청각 집중력,
작업 기억력, 지속적 집중력 등을 높이는 다양한 놀이 교육 활동이 포함되어 있습니다.

아이의 집중력,
부모에게 달려 있다

아이의 집중력, 부모에게 달려 있다

1판 1쇄 발행 2016. 5. 16.
1판 2쇄 발행 2020. 3. 26.

지은이 이명경
기획 한국청소년리더십센터(이재용)

발행인 고세규
편집 임지숙 | 디자인 지은혜
발행처 김영사
등록 1979년 5월 17일(제406-2003-036호)
주소 경기도 파주시 문발로 197(문발동) 우편번호 10881
전화 마케팅부 031)955-3100, 편집부 031)955-3200 | 팩스 031)955-3111

값은 뒤표지에 있습니다.
ISBN 978-89-349-7444-4 04370
       978-89-349-7446-8(세트)

홈페이지 www.gimmyoung.com   블로그 blog.naver.com/gybook
페이스북 facebook.com/gybooks   이메일 bestbook@gimmyoung.com

좋은 독자가 좋은 책을 만듭니다.
김영사는 독자 여러분의 의견에 항상 귀 기울이고 있습니다.

이 도서의 국립중앙도서관 출판시도서목록(CIP)은 서지정보유통지원시스템 홈페이지
(http://seoji.nl.go.kr)와 국가자료공동목록시스템(http://www.nl.go.kr/kolisnet)에서
이용하실 수 있습니다. (CIP제어번호 : CIP2016010328)

아이의 집중력, 부모에게 달려 있다

이 명 경

한국집중력센터 소장

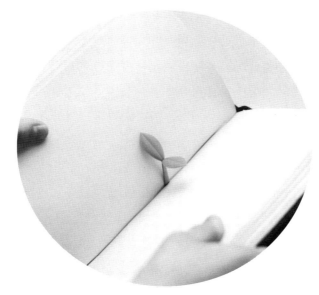

김영사

한국집중력센터의 문을 연 지 12년 차에 접어듭니다. 긴 시간 동안 세상에 많은 변화가 있었지만, 자녀의 행복과 성공을 바라는 부모님의 마음은 한결같았습니다. 세상 모든 부모는 자녀가 자신보다 더 많은 능력과 기회를 갖길 바라며 더 나은 삶을 살기를 바랍니다. 그래서 자신의 시간과 돈, 에너지를 자녀를 위해 기꺼이 쓰며 부모로서 할 수 있는 다양한 노력을 합니다.

　부모의 기대와 노력만큼 아이가 잘 자라고 있는지 확신이 안 선다는 부모님들도 많습니다. 세상은 점점 더 빨리 변하고 경쟁은 더욱 치열해지는데, 내가 무언가를 잘못해서 혹은 덜 해주어서 우리 아이만 경쟁에서 뒤처지고 행복한 삶으로부터 멀어지지는 않을까 조바심이 납니다. 더 나은 삶을 바라며 더 열심히 살았던 우리 부모 세대와는 달리, 아이들은 쉽게 싫증내고 쉽게 지치고 쉽게 포기하는 것처럼 보입니다. 끈기 있게 하나를 진득이 하기보다는 당장의 즐거움을 위해 노력을 멈추는 아이를 보면 부모는 답답하고 불안합니다.

아이가 산만하거나 충동적이면, 부모의 조바심과 불안은 더욱 커집니다. 모든 아이는 어른에 비해 산만하고 충동적인 것이 당연하지만, 부모의 불안이 지나친 경우, 아이들 특유의 산만성과 충동성이 성장과 함께 집중력과 자기통제력으로 변화하여 자리 잡을 때까지 기다려주지 못하게 됩니다. 타고난 재능과 기질에 맞춰 아이를 키우며 아이의 수준에 따라 사회 적응에 필요한 태도와 능력을 가르치며 북돋우기보다는, 아이의 재능과 기질을 무시한 채 남들보다 먼저 남들보다 많이 가르치려 아이를 몰아붙이기 쉽습니다.

집중력은 비단 공부뿐만 아니라 일상생활 전반에서 반드시 필요한 능력입니다. 누구나 알듯이 집중력이 높으면 공부나 업무의 효율이 높아지기 때문에 같은 능력을 가진 사람들이라 하더라도 집중력에 따라 성취 수준이 달라집니다. 또 집중력이 높은 사람은 자신의 생각, 정서, 행동에 대한 조절 능력, 즉 자기통제력을 잘 발휘하기 때문에 사회성과 리더십도 함께 성장합니다. 그러니 집중력은 자녀의 행복과 성공에 꼭 필요한 능력입니다.

그런데 집중력은 전두엽 성장과 함께 서서히 발달하는 고등의 사고 능력이며, 정보처리 능력, 자기통제력, 주의력과 같은 하위 영역이 골고루 발달해야 발휘될 수 있는 능력입니다. 때문에 집중력을 높이기 위해서는 잠깐의 훈련이나 약물이 아닌 꾸준한 노력이 필요하며, 부모의 도움이 필수적입니다.

이 책은 아이의 행복과 성공의 밑바탕이 되는 핵심 능력인 집중력을 향상시키는 데 필요한 정보를 담고 있습니다. 1장에서는 매우 포괄적이고 고차원적인 개념인 집중력을 세분화하여 설명하였고, 집중력 저하의 원인을 영역별로 구분하였습니다. 2장에서는 집중력 발달의 인지적 요소인 정보처리 능력을 높이기 위한 방법을 설명하면서 아이의 재능을 파악하여 집중할 수 있는 영역을 열어주는 법, 단순한 기술과 요령이 아닌 핵심 역량을 키우는 방법을 전달하려 했습니다. 3장에서는 집중력 발달의 정서적 요소인 자기통제력을 높이기 위한 방법을 담았습니다. 부모와의 안정적 애착 관계를 바탕으로 자신의 능력에 대한 확신을 갖고 있는 자존감 높은 아이로 키우는 방법과 대화법을 포함하고 있습니다. 4장에서는 집중력에 영향을 미치는 습관과 환경을 구체적으로 제시하였습니다. 어릴 때부터 만들어주어야 하는 기본 습관과 환경, 신체 에너지를 조절하는 데 필요한 전략 등을 담고 있습니다. 5장에서는 갑자기 늘어난 사회적 관심과 무분별하고 편파적인 정보로 인해 잘못 인식되고 있는 ADHD에 대해 객관적인 정보를 담고자 하였습니다. 지금 당장 집중력을 높여 눈앞의 성적을 올리고자 하는 부모님보다는 아이의 성장과 보조를 맞추며 아이가 앞으로 살아가는 데 꼭 필요한 핵심 역량과 태도를 길러주고자 하는 부모님에게 더 알맞은 정보를 포함하려 하였습니다.

교육 상담과 학습 상담을 공부하면서 익힌 지식과 지난 12년간 한국집중력센터에서 다양한 상담과 교육을 하면서 경험했던 사례들을 바탕으로 가정에서 부모와 자녀가 함께 실천할 수 있는 구체적인 방법을 담고자 하였습니다. 부족한 부분이 있지만, 부모님들이 이미 갖고 계신 지식과 지혜로 채워지리라 생각하기 때문에 크게 염려하지 않습니다. 제가 만난 부모님들은 이미 자녀에 대해서는 누구 못지않은 전문가셨고, 중간중간 시행착오를 겪기는 하지만, 최종적으로는 자녀의 행복과 성공에 가장 부합하는 노력을 하는 분들이셨기 때문입니다. 이 책이 자녀의 행복과 성공에 작은 보탬이 되기를 바라는 마음으로 글을 접습니다. 감사합니다.

2016년 따스한 봄날
이명경 (한국집중력센터 소장)

차례

3 재미가 없어도 집중할 수 있어야 한다

4 집중력을 높이는 습관, 환경 만들기

5   우리 아이도 혹시 ADHD?

1

집중력
바로 알기

부모의 기도
_A. 반 뷰렌

저로 하여금 더 좋은 부모가 되게 해주옵소서.
아이들을 사랑하고 아이들이 하는 말을 끝까지 다 들어주며
아이들의 괴로운 문제들을
사랑으로 이해할 줄 아는 부모가 되게 하소서.
지나친 간섭을 삼가고 아이들과 말다툼을 피하며
모순된 행동으로 아이들을 실망시키지 않게 하소서.
부모에게 예의 바른 자녀가 되기를 바라는 것같이
우리도 자녀에게 친절하며 정중하게 하소서.
비록 부모라고 할지라도 자녀에게 잘못했음을 깨달았을 때에는
용감하게 자신의 허물을 고백하며
용서를 구할 수 있는 부모가 되게 하소서.

초라한 저의 모습을 감추시고
저의 혀를 지킬 수 있도록 도와주소서.
그 나이 때면 누구나 행하는
아이들의 사소한 잘못을 보게 되었을 때
이를 너그럽게 봐줄 수 있는 아량을 베풀게 하소서.
아이들이 스스로 생각하고 판단하고 결정하고
스스로 실행할 수 있도록 충분한 기회를 허락하면서도
만약 그것이 그들에게 해가 되는 것이라면
끝까지 거절할 수 있는 용기를 주소서.
어느 한편으로 치우치지 않고
항상 공정하고 생각이 깊고 사랑이 넘치는 부모가 되게 하시어
아이들로부터 진심으로 존경받는 부모가 되게 하소서.
아이들로부터 사랑받고 아이들이 진정으로 닮기 원하는
부모다운 부모가 될 수 있도록 깨우쳐주소서.
안정과 균형을 잃지 않고
스스로 다스릴 수 있는 부모가 되게 하소서.

우리 아이의 집중력,
정말 낮은 걸까?

"어머니, 현수가 집중을 참 잘해요. 호기심도 많고요."

"영현이는 집중력이 참 좋네요! 어쩜 이렇게 진득하니 잘해요?"

"여보, 지우 집중하는 거 봤어? 나 닮아서 집중력 진짜 좋은가 봐."

담임선생님, 아이 친구 엄마, 남편한테서 듣는 이런 칭찬, 정말 좋다.

"어머니, 현수가 좀 산만해요. 호기심이 많아서 그런 것 같긴 한
데……."

"영현이는 엄청 활발한 것 같아요. 앉아 있는 걸 잘 못 봤어요."

"여보, 지우 집중력에 문제 있는 거 아냐? 벌써 몇 번째 방문 열
고 나오는 거야?"

담임선생님, 아이 친구 엄마, 남편한테서 듣는 이런 말은 오랫동
안 마음에 남는다. 우리 아이가 집중력이 낮다니? 그런가? 집중을
잘할 때도 있는데? 애들이 다 저렇지 않나? 아냐, 내가 봐도 좀 산
만하긴 해. 어쩌지? 걱정하기 전에 우선 정말 아이의 집중력이 낮은

건지부터 체크해보자. 정말 우리 아이는 집중력이 낮은 걸까?

Check List 우리 아이의 집중력은 어느 정도일까?

		전혀 아님	가끔	자주	늘
1	멍하니 딴생각을 자주 한다.	0	1	2	3
2	세세한 부분을 놓쳐서 실수가 잦다.	0	1	2	3
3	숙제나 일을 순서대로 하지 못한다.	0	1	2	3
4	다른 사람의 이야기에 귀 기울이지 않는 것처럼 보인다.	0	1	2	3
5	활동을 시작하는 데까지 시간이 많이 걸린다.	0	1	2	3
6	학용품이나 우산, 준비물 등을 자주 잃어버린다.	0	1	2	3
7	숙제를 한 번에 끝내지 못한다.	0	1	2	3
8	생각을 많이 해야 하는 활동을 싫어한다.	0	1	2	3
9	금방 설명한 것도 쉽게 잊어버린다.	0	1	2	3
10	한 가지 활동을 계속하지 못하고 금방 다른 활동을 찾는다.	0	1	2	3
11	조용히 활동하지 못하고 소란스럽다.	0	1	2	3
12	놀이나 게임의 규칙을 따르지 않고 마음대로 하려고 한다.	0	1	2	3
13	질문이 끝나기 전에 불쑥 대답한다.	0	1	2	3
14	다른 사람의 활동을 방해하고 간섭한다.	0	1	2	3
15	기분 변화가 심하다.	0	1	2	3
16	지나치게 수다스럽다.	0	1	2	3
17	쉽게 흥분해서 화를 잘 내거나 자주 운다.	0	1	2	3
18	한자리에 오래 앉아 있지 못하고 계속 움직인다.	0	1	2	3

19	요구하는 것이 있으면 금방 들어주어야 한다.	0	1	2	3
20	생각보다 행동이 앞선다.	0	1	2	3

체크된 항목의 점수를 모두 더해주세요.   총점 ____

38~60점, 상당히 부족한 수준

집중력이 상당히 부족하다. 주의가 산만해서 사건이나 사물의 세세한 부분에 집중하지 못하고 충동적으로 행동하기 쉽다. 수업 중에 돌아다니거나 질문에 엉뚱한 대답을 하는 등의 행동으로 교사로부터 지적을 받을 수 있으며, 수업에 집중하지 못하고 숙제를 끝마치지 못하는 등의 문제로 학업성적이 떨어져 학습 부진을 겪을 가능성도 크다. 감정 조절을 잘 못하고 또래들과도 잘 어울리지 못해 따돌림을 당할 수도 있으니 부모의 많은 관심과 지도가 필요하다.

21~37점, 조금 부족한 수준

심각한 정도는 아니지만 집중력이 다소 부족하다. 자신이 좋아하는 활동을 할 때는 집중을 잘하지만 공부나 숙제에는 집중을 잘 못하는 등 주어진 과제나 상황에 따라 집중력 차이가 크게 나타나며, 과목별로 점수 차이가 심하거나 기분에 따라 성적이 들쑥날쑥하기도 쉽다. 또래들과 사소한 마찰과 갈등이 잦고 가끔은 충동적이거나 공격적인 행동으로 주변 사람을 놀라게 할 수도 있다.

10~20점, 보통 수준

보통 아이들만큼의 양호한 집중력을 가지고 있다. 하기 싫은 숙제나 과제라 할지라도 자신에게 주어지면 일단 완수하려 애쓰고 시간 내에 끝낼 수도 있다. 가끔 산만한 듯이 보일 때도 있지만 크게 걱정할 수준은 아니다. 또래 관계도 원만하고 스스로에 대해서도 비교적 긍정적으로 생각하기 때문에 감정 조절도 잘할 수 있다.

0~9점, 아주 높은 수준

집중력이 뛰어난 편이다. 집중력이 높고 차분하여 주어진 일을 시간보다 빨리 끝내고 다른 사람이 미처 발견하지 못한 원리나 개념을 파악할 수 있다. 자신에 대해 긍정적 생각과 신뢰가 있으며 감정 조절 능력도 뛰어나다. 전반적으로 많은 영역에서 집중을 잘하지만 특히 더 높은 관심과 집중력을 발휘하는 영역을 찾아 북돋을 경우 학습 및 진로 발달을 촉진할 수 있다.

집중력은 비단 공부뿐만 아니라 생활 전반에서 발휘되어야 하는 매우 중요한 능력이다. 흔히들 집중력을 떠올릴 때는 공부를 잘하는 데 필요한 능력 정도로만 생각하지만, 집중력은 감정 조절 능력과도 많은 상관이 있기 때문에 사회성, 리더십에도 큰 영향을 미친다.

집중력이 높은 사람은 학습이나 업무에서 높은 효율을 발휘할 뿐만 아니라 자기통제력이 높기 때문에 감정을 잘 조절하고 상황에 맞게 감정을 표현할 수 있다. 집중력이 높은 사람은 갑자기 운다거나 소리를 지르는 것과 같이 상황에 맞지 않게 감정을 분출하거나 충동적으로 행동하기보다는 적절하고 세련되게 자신의 감정을 표현할 수 있다. 그러니 집중력이 높은 아이는 당연히 친구들 사이에서 인기가 많고 평판이 좋은 친구가 되기 쉬우며 리더십도 더 잘 발휘할 수 있다.

공부도 잘하고 친구도 잘 사귀는 아이. 부모라면 누구나 바라는 이런 아이들에게는 높은 집중력이라는 공통 요소가 있다. 이렇듯 중요한 집중력을 어떻게 하면 높일 수 있을까?

아이의 집중력이 떨어지는 이유 찾기

집중력을 높이기 위해서는 집중력이 떨어지는 이유를 먼저 찾아야 한다. 집중력이 떨어지는 이유는 사람마다 다르고 때에 따라 다르지만, 크게 봤을 때는 인지적(정보처리 능력), 정서적(자기통제력), 행동적(주의력) 요인으로 구분할 수 있다. 우선 평소 아이의 모습을 생각하며 솔직하게 체크리스트에 응답해보자. 그리고 10문항씩 나누어서 합산 점수를 산출해보자.

집중력의 3요소 체크리스트

		전혀 아님	아닌 편	보통	그런 편	매우 그럼
1	쉬운 말로 여러 번 반복 설명해도 이해를 잘 못한다.	1	2	3	4	5
2	친구 이름이나 지명 등을 잘 기억하지 못한다.	1	2	3	4	5
3	알고 있는 것도 말로 잘 설명하지 못한다.	1	2	3	4	5
4	보통 아이들에 비해 상식 수준이 낮다.	1	2	3	4	5
5	책 읽는 것을 싫어한다.	1	2	3	4	5
6	공부한 것에 비해 시험 성적이 낮다.	1	2	3	4	5
7	학교나 학원에서 이미 배운 것도 다시 설명해줘야 한다.	1	2	3	4	5
8	주변 사물이나 환경에 대한 호기심이 적다.	1	2	3	4	5
9	대화나 토론을 싫어하고 혼자 있는 시간이 많다.	1	2	3	4	5
10	자기보다 어린 아이들이랑 어울려 노는 것을 좋아한다.	1	2	3	4	5

합계

11	감정 변화가 심하다.	1	2	3	4	5
12	다른 사람의 말에 신경을 많이 쓰고 쉽게 상처 받는다.	1	2	3	4	5
13	기운이 없고 우울해 보인다.	1	2	3	4	5
14	재미있고 편안하게 놀 만한 친구가 없다.	1	2	3	4	5
15	부정적인 생각을 많이 한다.	1	2	3	4	5
16	부모나 교사에 대한 불만이 많다.	1	2	3	4	5
17	자기의 능력을 낮게 평가하고 자신 없어 한다.	1	2	3	4	5
18	사소한 일에도 잘 운다.	1	2	3	4	5
19	짜증을 많이 낸다.	1	2	3	4	5

20 겁이 많고 쉽게 불안해한다.	1	2	3	4	5

합계

21 교과서, 필기구, 준비물 등 학습 용품들을 잘 잃어버린다.	1	2	3	4	5
22 한자리에서 진득이 공부하지 않고 여기저기 옮겨 다닌다.	1	2	3	4	5
23 공부방과 책상이 잘 정리되어 있지 않다.	1	2	3	4	5
24 공부 중에 자세가 자주 흐트러지고 산만해진다.	1	2	3	4	5
25 공부 시간이 규칙적이지 않고 들쑥날쑥하다.	1	2	3	4	5
26 밥을 잘 안 먹으려고 한다.	1	2	3	4	5
27 잠을 충분히 자지 못하거나 불규칙하게 잔다.	1	2	3	4	5
28 알림장이나 숙제를 잘 챙기지 않는다.	1	2	3	4	5
29 탄산음료나 색소가 첨가된 과자를 많이 먹는다.	1	2	3	4	5
30 책가방에 책과 학용품이 뒤죽박죽 섞여 있다.	1	2	3	4	5

합계

정보처리 능력

1번부터 10번 문항은 정보처리 능력에 해당한다. 1번부터 10번 문항의 합산 점수별 해석은 다음과 같다.

10~19점, 정보처리 능력이 높은 수준

정보처리 능력 부족으로 인한 집중력 저하가 예상되지 않으며 현재의 학습 수준과 분량을 적절히 소화하고 있다. 어릴 때부터 적절한 수준의 교육적·문화적 자극을 받아왔을 가능성이 크다.

20~31점, 정보처리 능력이 보통이거나 약간 부족한 수준

현재의 학습 수준이나 분량이 자신의 정보처리 능력에 비해 다소 벅찰 수 있다. 아이의 정보처리 능력에 맞추어 학습 수준과 분량을 낮추고 부족한 정보처리 능력을 높여주어야 한다.

32~50점, 정보처리 능력이 매우 부족한 수준

학교나 학원의 학습 내용을 이해하지 못하고 넘어가는 경우가 많다. 현재의 정보처리 능력을 고려하지 않은 채 학습을 시킬 경우 학습 결손이 누적되어 집중력 저하가 심화될 수 있다. 지능검사 등을 통해 아이의 객관적 정보처리 능력을 파악해서 현재의 능력과 맞지 않는 학습 활동을 중단하고 근본적인 정보처리 능력 향상을 위한 노력을 시작하는 것이 바람직하다.

정보처리 능력은 집중력의 인지적 요소로 지능, 언어 발달 수준, 학습 경험 등에 따라 달라진다. 지능과 언어 발달 수준이 높으며 어릴 때부터 다양한 교육적·문화적 경험을 통해 여러 가지 학습을 해온 아이들은 높은 정보처리 능력 덕분에 높은 집중력을 발휘할 수 있다. 반대로 지능과 언어 발달 수준이 낮고 교육적·문화적 자극을 충분히 받지 못한 채 성장한 아이들은 정보처리 능력이 낮기 때문에 학년이 높아지고 교과 내용이 어려워질수록 집중력이 떨어지게 된다.

만약 아이의 정보처리 능력이 부족한 편으로 나왔다면, 현재 아이에게 요구하는 학습 과제의 수준과 분량이 아이의 인지능력에 적합한가를 객관적이고도 냉정하게 평가할 필요가 있다. 정보처리 능력이 낮은 아이에게 같은 나이 또래 아이들이 다 하니까, 학교에서 배우는 것이니까, 이 정도 선행은 보통 다 하니까 하며 시키면, 집중력만 낮아지는 것이 아니라 학습 결손도 생긴다.

자신의 정보처리 능력에 비해 너무 어려운 공부를 계속해야 할 때 집중력이 낮아지기 때문에 아이가 특히 집중하지 못하는 과목이나 단원이 있다면 그것이 현재 아이의 정보처리 능력에 비해 지나치게 어려운 것은 아닌지, 아이가 주어진 과제를 학습하는 데 필요한 더 기초적이고 핵심적인 능력을 습득하지 못한 채 진도만 따라가고 있는 것은 아닌지 평가해볼 필요가 있다. 이와 관련된 내용은 2장에서 보다 자세히 다루고 있으니 정보처리 능력이 낮게 나왔다면 2장을 먼저 보는 것도 좋다.

자기통제력

11번부터 20번 문항은 자기통제력에 해당한다. 11번부터 20번 문항 합산 점수별 해석은 다음과 같다.

10~19점, 자기통제력이 높은 수준

공부를 하는 중에 나타나는 지루함, 짜증스러움, 불안함 등과 같은 감정을 잘 인식하고 조절할 수 있다. 자존감과 자신감이 높으며 주변 사람에 대한 긍정적 믿음도 강하기 때문에 감정 변화가 심하지 않고 정서적으로 안정되어 있어 높은 집중력을 발휘할 수 있다.

20~31점, 자기통제력이 보통이거나 약간 부족한 수준

기분이나 상황에 따라 집중력의 기복이 심할 수 있고 스트레스를 받으면 집중력이 크게 낮아진다. 자신의 기분을 적절히 조절하고 다스릴 수 있도록 도와주는 것과 스트레스 관리 전략을 가르치는 것이 필요하다.

32~50점, 자기통제력이 매우 부족한 수준

우울, 불안, 스트레스 등을 많이 느끼고 있으며 정서적으로 불안정할 수 있다. 자존감과 자신감이 낮고 주변 사람에 대해 불만이 많으며 미래를 비관적으로 생각하는 경향이 있어 감정 변화도 심할 수 있다. 정서적 안정감과 자존감을 높여주는 것이 필요하다.

자기통제력은 집중력의 정서적 요소로 정서적 안정감, 자신감, 주변 사람에 대한 신뢰감 등의 영향을 받는다. 있는 그대로의 자기자신을 좋아하고 가족이나 친구들과도 편안하게 자신의 생각과 감정을 표현할 수 있는 아이는 지루하거나 어려운 공부를 할 때 쉽게 지치거나 포기하지 않는다. 스스로를 다독이면서 지루함, 짜증스러움, 불안함과 같은 불쾌한 정서를 관리할 수 있기 때문이다. 반대로 자기 자신을 부족하거나 문제가 있는 사람이라고 생각하고 친구나 가족에게도 있는 그대로의 자신을 편안하게 드러내지 못하는 자존감 낮은 아이들은 불쾌한 감정에 쉽게 휩쓸리고 충동적이고 공격적으로 감정을 분출한다. 그러니 지루하고 어려운 과제에 집중하지 못하고 짜증만 부리기 쉽다.

만약 아이의 자기통제력이 낮게 나왔다면 나의 양육 태도를 되돌아보고 아이와의 관계도 되짚어볼 필요가 있다. 아이가 자기 자신에 대해 갖는 느낌, 즉 자존감은 부모와의 일상적이고 반복적인 관계 속에서 만들어지는 것이기 때문이다. 나름 최선을 다해 아이를 키우고 있다 하더라도 여러 가지 이유로 아이는 스스로를 부족하고 못난 사람이라고 생각할 수 있다.

부모가 아이의 현재 모습에 만족하고 더 좋은 모습으로 성장할 것이라는 믿음을 가지고 있을 때 아이는 자기 자신을 좋아하고 신뢰한다. 반대로 부모가 아이의 현재 모습에 불만족하고 걱정스러워하면서 혹여 나중에 더 뒤떨어지지 않을까 우려하는 마음으로 아이를 대하면 아이의 작은 실수도 날카롭게 지적을 하며 야단치게 된다. 그러면 아이는 더욱 자신감을 잃고 자기통제력 역시 더 떨어진다. 이와 관련된 내용은 3장에서 보다 자세히 다루고 있으니 자기통체력이 낮게 나왔다면 3장을 먼저 보는 것도 좋다.

21번부터 30번 문항은 주의력에 해당한다. 21번부터 30번 문항 합산 점수별 해석은 다음과 같다.

10~19점, 주의력이 높은 수준

규칙적이고 안정된 환경에서 생활하고 있으며 집중력을 발휘하는 데 필요한 생활 습관과 공부 습관을 형성한 것으로 보인다.

20~31점, 주의력이 보통이거나 약간 부족한 수준

바람직하지 못한 생활 습관이나 학습 습관으로 인해 학습 능률이 떨어지고 생활환경도 다소 산만할 수 있다.

32~50점, 주의력이 매우 부족한 수준

집중하기 매우 힘든 환경 속에서 생활과 학습을 하고 있을 가능성이 크다. 생활 습관과 공부 습관이 잘 형성되어 있지 않아 집중하는 데까지 시간이 오래 걸리고 주의가 쉽게 흐트러질 수 있다. 학습 환경 및 습관을 분석해서 단계별로 고쳐나가야 한다.

주의력은 집중력의 행동적 요소로 생활 및 학습 습관과 환경의 영향을 받는다. 식습관, 수면 습관 등 아주 기본적인 생활 습관과 공부 자세, 공부 시간, 공부 장소 등의 학습 습관이 잘 형성된 아이는 집중하는 데까지 걸리는 시간이 짧고, 한 번 공부를 시작하면 오랜 시간 집중할 수 있다. 반대로 밥 먹는 시간, 잠자는 시간이 불규칙하고 공부 습관도 잘 형성되어 있지 않은 아이는 책상 앞에 앉기까지 오랜 시간이 걸리고, 공부를 시작한 후에도 자주 자리를 이동하고 산만하게 행동한다.

만약 아이의 주의력이 낮게 나왔다면 생활환경부터 점검해볼 필요가 있다. 아이 공부방은 물론 생활하는 집, 교실 등 물리적 환경이 얼마나 잘 정돈되어 있는지, 구조가 잘 나누어져 있는지 확인할 필요가 있다. 그리고 생활 습관과 학습 습관을 잡기 위한 꾸준한 노력을 우선적으로 시작해야 한다. 행동이 부산스러운 아이는 아무리 정보처리 능력과 자기통제력이 높아도 자신의 실력만큼 높은 성취를 기대하기 힘들기 때문이다.

생활 및 학습 습관을 잡기 위해서는 부모의 솔선수범이 더욱 필요하다. 아이에게만 잔소리를 할 것이 아니라 부모의 습관부터 바로잡으면서 함께 노력해야 한다. 또 한두 번 반짝 애쓰는 것이 아니라 반복적이고 지속적으로 노력해야 한다. 이와 관련된 내용은 4장에서 보다 자세히 다루고 있으니 주의력이 낮게 나왔다면 4장을 먼저 보는 것도 좋다.

담임선생님이 말하는
집중력의 의미 정확히 알기

담임선생님으로부터 "어머니, 현수가 집중을 참 잘해요. 호기심도 많고요"라는 말을 들으면 우선 기분이 좋다. "그렇죠, 선생님! 저도 현수가 집중력이 정말 높다고 생각하고 있었어요" 하고 맞장구를 칠 수도 있다. 그러나 한편으로는 '우리 아이가 집중을 정말 잘하나? 집에서는 그런 것 같지 않은데, 집이랑 학교에서 다르게 생활하나? 괜히 듣기 좋으라고 하는 말이 아닐까?' 같은 생각이 들기도 한다.

담임선생님이 아이의 집중력을 지적할 때도 마찬가지이다. "어머니, 현수가 집중을 잘 못하는 것 같아요. 수업 시간에 좀 산만해요"라고 하면 "그래요? 저도 걱정하고 있었어요" 하면서도 속으로는 '우리 아이가 집중을 잘 못하나? 좋아하는 책 붙들고 있을 때는 옆에 있는 사람 신경도 안 쓰고 집중을 잘하는데…… 학교에서 도대체 어떻게 생활하기에 이런 말을 듣지?' 싶은 생각이 들기도 한다. 그러면서 '혹시 선생님이 우리 아이만 너무 부정적으로 보는 것은 아닌가? 선생님의 성격이 이상한 건 아닌가? 선생님이 우리 아이를 제대로 파악 못 하신 게 아닌가?' 같은 여러 가지 복잡한 생각이 든다.

이런 혼란은 담임선생님뿐만 아니라 아이 친구 엄마나 남편과의 대화 과정에서도 느끼기 쉽다. 내가 생각하고 있는 집중력과 다른 사람들이 생각하는 집중력이 같지 않은 것 같은 느낌. 그래서 남들이 우리 아이의 집중력에 대해 이야기할 때 쉽게 맞장구가 쳐지기보다는 '정말 그런가?' 하는 찜찜함이 남기 쉽다.

이런 찜찜함은 집중력이 워낙 다차원적이고 포괄적인 개념이기 때문에 나타난다. 너무 큰 개념을 구분하지 않고 뭉뚱그려 이야기하다 보니 사람마다 조금씩 다른 집중력을 이야기하게 되는 것이다. 그래서 아이의 집중력을 제대로 평가하려면 집중력의 여러 하위 요소를 구분해서 이해할 필요가 있다. 그리고 이것들 중에 어떤 능력이 충분하거나 양호하고 어떤 능력이 부족한지를 구분해서 아이의 집중력을 평가해야 한다. 그래야 제대로 집중력을 높여줄 수 있다.

초점 맞추는 능력: 중요한 것에만 선택적으로 반응하기

초등학교 1학년 혜준이는 호기심이 많다. 그래서 "이건 뭐야?", "이건 왜 그런 거야?" 질문도 많고 덕분에 여기저기서 얻은 지식도 많아 똑똑하다는 소리도 종종 듣는다. 밥을 먹다가도 "아~!" 하고 일어나 책을 찾기도 하고, 대화를 하다가 뜬금없는 소리를 불쑥하기도 한다. 생각과 행동이 공처럼 통통 튀는 느낌을 주는 혜준이는 초등학교 입학 전까지는 똑똑하고 까불까불한 귀여운 아이였다. 그런데 초등학교에 입학한 이후에는 상황이 좀 달라졌다. 선생님이 말씀하시는 중에도 불쑥불쑥 끼어들어 자기가 아는 것을 자랑하고, 자기 걸 다 하지도 않은 채로 다른 아이들이 하고 있는 것을 간섭하는 등 수업을 방해하는 행동이 나타났기 때문이다. 자유롭게 앉거나 움직이며 놀이 활동을 하던 유치원 때와는 달리 학교는 지켜야 하는 규칙이 많은 새로운 곳인데, 호기심 많고 활동적인 혜준이는 학교의 새로운 규칙을 익히기가 다른 아이들보다 어려웠던 것이다. 공개 수업에 다녀온 혜준이 엄마는 혜준이가 집에서 쓸데없는 소리를 하거나 자유롭게 움직이는 것을 허용해서는 안 되겠다 싶은 생각이 들었다. 그래서 집에서 학교보다 더 엄격하게 행동을 통제하기 시작했고, 매일 학교에서 돌아온 아이에게 학교에서 수업을 방해하는 말과 행동을 했는지 물으며 아이를 다그치게 되었다.

인간은 시각, 청각, 후각, 미각, 촉각 등의 감각기관을 통해 동시에 여러 가지 정보를 접하면서 생활한다. 예를 들어 친구와 함께 밥을 먹는 상황이라면 눈으로는 친구 얼굴과 밥과 반찬을 번갈아 보면서, 귀로는 친구의 목소리와 주변 소음들을 듣고, 입으로는 밥과 반찬 맛을 느끼면서, 코로는 음식에서 나는 냄새나 친구를 포함한 주변에서 나는 냄새를 맡고, 피부로는 온도나 습도를 느낀다.

그런데 어떤 사람도 다섯 가지 감각기관을 통해 접하게 되는 이 모든 정보에 똑같은 정도의 주의를 기울이지 않는다. 더 중요한 정보에 선택적으로 주의를 기울이고 나머지 정보는 그냥 흘려보낸다. 밥과 반찬, 주변 소음보다는 친구의 얼굴 표정, 친구의 말에 초점을 더 맞출 수도 있고, 친구 얼굴보다는 음식의 맛과 향에 초점을 맞추며 음식을 음미할 수도 있다. 혹은 음식이 나오기 전까지는 친구에게 초점을 맞추었다가 음식이 나온 후에는 음식으로 초점을 바꿀 수도 있다.

초점 맞추는 능력은 중요한 정보와 그렇지 않은 정보를 구분하고 중요한 정보에 주의를 기울이는 동안 다른 중요하지 않은 정보를 방해 자극으로 간주하고 주의를 기울이지 않는 능력이다. 한꺼번에 모든 자극에 주의를 기울이는 것이 아니라 상황과 대상에 맞추어 더 중요한 것에 선택적으로 반응하는 능력인 것이다.

초점 맞추는 능력은 우리 뇌의 한계 때문에 꼭 필요한 능력이다. 인간의 뇌는 한꺼번에 처리할 수 있는 정보의 용량이 한정되어 있어 동시에 접하는 무수히 많은 정보 중 일부밖에 처리하지 못한다. 더욱이 어린아이의 뇌는 성인의 뇌에 비해 기억의 용량이 작기 때문에 더 적은 정보만 받아들일 수 있다. 또 어른들은 주의의 초점을 상황에 맞게 쉽게 바꿀 수 있지만 아이들은 그렇지 못하다. 그래서 어른들은 친구 말에 귀를 기울이면서, 밥과 반찬의 맛과 향도 음미하고, 친구가 입고 온 옷에도 관심을 보이고, 전화벨 소리를 듣고 전화를 받을 수도 있지만, 어린아이들은 친구 말을 듣느라 밥을 입에 한가득 넣은 채 씹지 못하기도 하고, 밥을 먹느라 자신을 부르는 소리를 못 듣기도 한다. 상황에 따라 자유자재로 주의의 초점을 바꿀 수 있고 한꺼번에 많은 정보에 주의를 기울일 수 있는 성인들과 달리, 아이들은 초점의 전환도 잘 안 되고 한꺼번에 받아들일 수 있는 정보의 양도 적기 때문이다.

초점 맞추는 능력은 뇌, 특히 전두엽 발달과 함께 서서히 성장한다. 인지심리학자들은 성인의 뇌를 하나의 지점만 환하게 밝히는 스포트라이트에, 어린아이의 뇌를 모든 곳을 환하게 밝히는 등불에 비유한다.[*] 관객의 주의를 모으고 극적인 긴장감을 유지하기 위해 무대의 한 부분만 밝히는 스포트라이트와는 달리 등불은 무대 전체를 환하게 밝혀 무대 위의 모든 것을 볼 수 있게 한다.

나이가 어린 아이일수록 스포트라이트의 기능이 약하다. 그래서 초점 맞추는 능력이 부족한 아이는 숙제라는 중요한 일을 하는 동안 숙제 이외의 다른 정보를 컴컴하게 만들지 못하고 중간중간 끼어드는 모든 자극에 주의를 기울인다. 그래서 부모 눈에 쓸데없는 짓을 하며 시간을 허비하는 것처럼 보이는 것이다. 하지만 초점 맞추는 능력은 뇌의 성장과 함께 서서히 발달하기 때문에 아이들도 한 해, 한 해 조금씩 주의를 더 잘 기울이게 된다. 그러니 유아나 초등 저학년 아이의 경우, 초점 맞추는 능력이 조금 부족해도 크게 염려하지 않아도 된다.

대신 어린아이일수록 동시에 많은 정보를 접해야 하는 상황보다는 주의의 초점을 맞추기 쉬운 단순한 환경을 만들어주고, 주의를

• 더 자세한 내용은 앨리슨 고프닉의 《우리 아이의 머릿속》(김아영 역, 랜덤하우스코리아, 2011)을 참고하기 바란다.

기울여야 하는 정보는 짧으면서도 강력하게 전달할 필요가 있다. TV를 보며 밥을 먹게 하기보다는 밥을 먹는 동안에는 TV를 끄는 습관을 들이고, 듣지도 않는 잔소리를 길게 하기보다는 아이의 눈을 쳐다보며 분명히 이야기한 후 눈에 잘 띄는 곳에 해야 할 행동 목록을 붙여놓는 것이 좋다. 초점 없이 횡설수설하는 아이의 이야기에도 귀 기울인 후 요약해주다 보면 아이의 초점 맞추는 능력이 서서히 높아지게 된다.

지속적 집중력: 한번 시작하면 꾸준히 해서 완수하기

초등학교 5학년인 민서는 또 방문을 열고 나오다가 거실에 앉아 있던 엄마와 눈이 마주친다. "엄마 배고픈데 뭐 먹을 거 없어?" 민서의 물음에, "좀 전에 간식 먹었잖아. 뭘 또 먹으려고 그래. 제발 들어가서 공부 좀 해" 엄마는 짜증스럽게 대꾸한다. 잠시 후 민서는 또 방문을 열고 나와 화장실로 들어간다. 엄마는 속절없이 화장실 문만 째려본다.

한동안 방문을 열고 나오지 않는 민서가 궁금해서 민서 방으로 들어간 엄마는 곧바로 소리를 지른다. "너 아까부터 여기 펼쳐놓고 있더니 아직도 똑같은 페이지를 보고 있는 거야? 도대체 지금까지 뭘 한 거야!!!" 화가 난 엄마는 민서의 대답을 기다리지만 민서는 고개를 숙인 채 입을 다문다. "도대체 왜 이러는 건데? 말을 좀 해봐." 그래도 민서는 대답이 없다. 답답한 엄마는 큰 소리를 내지만 민서는 입만 내밀고 있다. 지친 엄마는 "너 이렇게 할 거면 공부하지 마. 학교고 학원이고 다 때려치우고 너 하고 싶은 대로 하고 살아" 하며 방문을 닫고 나온다.

　지속적 집중력은 우리가 가장 흔히 말하는 집중력, 즉 시작한 일을 진득이 하고 마무리 짓는 힘을 말한다. 지속적 집중력은 지루하고 힘든 과제를 할 때, 그리고 오랜 시간 계속해야만 완수되는 과제를 할 때 특히 많이 요구된다. 만일 공부가 컴퓨터 게임처럼 재미있고 신기하고 자극적인 정보로 가득한 것이라면 민서네 같은 상황은 벌어지지 않을 것이다. 애쓰지 않아도 누구나 지속적으로 집중을 할 수 있기 때문이다. 하지만 공부나 숙제 같은 활동은 재미있지도 않고 신기하지도 않기 때문에 문제가 생긴다. 공부는 힘들고 지루하다. 그렇기 때문에 게임이 아니라 공부에 오랜 시간 집중할 수 있어야 지속적 집중력이 높다고 할 수 있다.

　지속적 집중력을 발휘하기 위해서는 지루함이나 짜증 같은 정서를 관리할 수 있어야 한다. 문제집을 덮고 나가고 싶지만 내일모레 있을 시험을 생각해서 시험 범위의 절반까지라도 계속해서 문제를 푼다거나, 게임을 하고 싶은 마음을 누르고 숙제를 마무리하는 것은 지루함이나 짜증과 같은 정서를 관리할 수 있기 때문에 가능한 것이다. 지속적 집중력이 낮은 아이들은 지루함이나 짜증을 이기지 못하고 공부방 문을 열고 나오게 된다.

　평소 짜증을 많이 내고 감정 폭발이 잦은 아이는 공부나 수업 같은 지루한 장면에서 지속적 집중력을 발휘하기가 힘들다. 거꾸로 집중력이 낮은 아이들 중에는 자기 정서를 조절하고 상황에 맞게 표현하는 것에 서툰 아이들이 많다. 그만큼 정서 관리 능력과 집중력은 상관이 높다.

지속적 집중력은 또한 피로감이나 졸림과 같은 신체적 상태의 영향도 많이 받는다. 신체적 컨디션이 좋을 때는 계속해서 한 가지 활동을 하면서도 적절한 각성 상태를 유지할 수 있지만, 피곤하거나 졸릴 때는 자꾸 딴생각이 나거나 몽롱해지게 된다. 그러니 지속적 집중력이 낮은 아이는 생활환경과 습관을 점검해서 충분히 자고 잘 먹어서 건강한 신체 상태를 유지할 수 있게 도와야 한다.

집중하는 시간을 늘리기 위해서는 평소 아이의 집중 시간을 관찰해서 그것보다 5분 정도만 늘리겠다는 목표로 과제의 분량을 정하는 것이 좋다. 예를 들어 아이가 평균 10분 정도면 지루함을 느끼고 자세가 흐트러진다면 15분을 목표로 과제를 정하는 것이다. 그리고 그것이 어느 정도 습관이 되어 15분을 앉아 있을 수 있게 되면 20분으로 다시 집중 시간을 늘릴 수 있다. 그러기 위해서는 해야 할 과제를 작은 단위로 나누어주는 것이 필요하다. 한꺼번에 수학 익힘책 네 쪽을 풀게 하기보다는 두 쪽씩 두 번에 나누어 풀게 하는 것이다.

정서를 관리하는 능력을 키워주는 것도 매우 중요하다. 짜증이나 화를 못 내게 막는 것이 아니라 짜증이나 화가 나는 아이의 마음을 읽어주고, 공감해주고, 정서를 사회적으로 바람직한 방식으로 표현할 수 있게 도와주는 것이 도움이 된다(234쪽에 더 자세히 설명되어 있다: 대화법 부분).

장기적으로는 학습 동기를 높여주는 것도 필요하다. 학년이 높아질수록, 사춘기가 가까워질수록 남이 시켜서 억지로, 막연히 하는 공부에는 오랜 시간 집중하는 것이 더 힘들어진다. 재미있게, 자발적으로 할 수 있는 공부 환경을 만들고, 진로 교육을 통해 자신에게 의미 있는 미래를 그려나갈 수 있게 돕는 노력이 병행되어야 한다.

TIP 정서 조절 능력과 집중력의 관계

"너 지금 그 TV 프로그램 볼 거니? 그럼 오늘은 그게 마지막이야. 대신 지금 TV 끄고 들어가서 숙제 먼저 하고 나오면 엄마가 다시 보기로 보여줄게. 그리고 숙제하고 나오면 이 프로그램 말고 네가 원하는 프로그램 하나 더 보여줄게."
만일 우리 아이에게 이런 제안을 한다면, 어떤 선택을 할까?

A: "알았어요. 그럼 숙제부터 하고 나올게요. 진짜로 이거랑 다른 거 하나 더 보게 해줄 거죠?"
B: "싫어요. 숙제는 조금 이따가 해도 되잖아요. 이것부터 볼래요."

A와 B 중 어떤 것을 고른 아이의 집중력이 더 높을까?

정답은 A이다.

그런데 A와 B를 고른 아이의 차이는 비단 집중력뿐만이 아니다. 일찍이 미국의 월터 미셸Walter Mischel 교수는 정서를 조절하는 능력이 성공에 어떠한 영향을 미치는지를 과학적으로 검증한 바 있다. 월터 미셸 교수는 1960년대 후반에 4세의 유치원 아동을 대상으로 연구를 시작하여 이 아이들이 고등학교를 졸업할 때까지 14년간 종단 연구를 하였다.

연구자는 만 4세의 아이들에게 마시멜로를 하나씩 똑같이 나눠주었다. 마시멜로는 서구의 아이들이 즐겨 먹는 간식으로 그냥 먹어도 맛있지만 불에 살짝 구워 먹으면 더욱 맛이 좋아 캠핑 갈 때 꼭 챙겨 가는 간식 중 하나이다.

아이들에게 마시멜로를 건넨 후 선생님은 "이건 내가 여러분에게 주는 선물이에요. 여러분은 이것을 언제든지 먹어도 좋아요. 그런데 내가 나갔다가 돌아올 때까지 먹지 않고 참고 기다리면 하나를 더 줄 거예요. 그렇지만 그때까지 참기 힘들면 먹어도 돼요. 대신 하나를 더 받지는 못해요. 참고 기다리면 두 개를 먹을 수 있지만, 못 참으면 한 개만 먹는 거예요"라고 말하고 교실을 나갔다.

많은 아이들은 선생님이 방을 나간 지 몇 초가 지나기 전에 마시멜로를 입속에 쏘옥 집어넣었다. 하지만 일부 아이들은 선생님이 돌아오기까지 약 15분간의 시간을 참았다. 먹고 싶은 유혹을 이기기 위해 마시멜로를 멀찌감치 두고 손으로 눈을 가리거나 두 팔로 머리를 감싸 안으면서 마시멜로를 쳐다보지 않으려고 애쓰는 아이도 있었고, 일부러 다른 놀이에 더 열중하는 아이도 있었고, 심지어는 일부러 잠을 청해서 그 시간을 견딘 아이도 있었다.

마시멜로를 냉큼 입속으로 넣은 아이와 15분을 참은 아이의 차이는 14년 후의 연구에서 밝혀졌다. 4세 때 먹고 싶은 유혹을 잘 참아냈던 아이들은 18세가 되었을 때 그렇지 못했던 아이들보다 인간관계, 자기주장 능력, 인생의 좌절에 대처하는 능력 등이 뛰어났고, 예상치 못한 문제가 발생했을 때도 차분히 조직적으로 행동하여 문제를 잘 해결해나갔다.

또한 미국의 아이들이 고등학교 졸업 때 치르는, 우리나라 수학능력시험과 유사한 시험인 SAT에서, 먹고 싶은 유혹을 잘 견뎌서 두 개의 마시멜로를 먹었던 아이들은 언어 평균 610점, 수학 평균 652점을 받았다. 반면 한 개의 마시멜로를 먹었던 아이들은 언어 평균 542점, 수학 평균 528점을 받았다. 이들의 점수 차이는 무려 210점에 달했다.

연구자들은 이러한 차이를 유발한 능력을 '만족지연능력'이라고 이름 붙였다. 만족지연능력은 즉각적인 보상이 따르는 작은 만족을 좇는 것이 아니라, 보상이 없거나 늦게 나타나도 나중에 더 큰 만족을 얻을 수 있다는 믿음을 가지고 자신의 정서를 조절하는 능력을 말한다.

지금 당장에 좋은 것을 선택하는 아이와 지금은 좀 힘들더라도 미래에 좋은 것을 선택할 수 있는 아이들의 차이는 이렇게 크다. 만약 우리 아이가 A와 같은 선택을 한다면 좋겠지만, B와 더 가깝다면 아이에게 정서를 관리하고 조절하는 능력과 만족지연능력을 키워주어야 한다. 어떻게 해야 나중에 있을 더 큰 보상을 생각하며 즉각적인 만족을 지연시키는 사람으로 키울 수 있을까?

첫째는 아이가 타인의 말, 그중에서도 부모님의 말을 신뢰하도록 해야 한다. 아이가 부모님의 말을 신뢰하게 하려면 신뢰할 수 있는 행동을 일관성 있게 보여주어야 한다. 우리가 누군가를 믿는다고 할 때, 그 사람이 말한 바를 행동으로 실천하리라는 것을 믿는다는 의미이지, 말만 믿는다는 뜻이 아닌 것처럼, 아이들도 부모의 말이 아니라 부모의 행동을 보고 믿음을 갖게 된다. 부모를 믿지 못하는 아이들은 이전의 여러 경험들을 근거로 부모의 말이 행동으로 실천되지 않을 것이라고 굳게 믿는다.

만일 선생님으로부터 마시멜로를 받아 든 아이의 마음에 '치~ 지난번에도 말 잘 들으면 과자 준대 놓고 안 줬으면서' 하는 의심을 했거나, '선생님이 말은 저렇게 하셔도 나를 특히 더 예뻔하시니까 이따가 애교를 부리면 친구들 몰래 하나 더 주실 거야' 하는 기대감을 갖게 되었다면, 마시멜로 두 개를 위해 참는 노력을 안 했을 것이다. 평소 아이와의 약속을 잘 안 지켰거나 안 된다고 했다가 아이가 떼를 쓰면 해주는 것과 같이 일관성 없는 양육 태도를 보였다면 우리 아이 역시 부모가 하는 말을 덜 신뢰하고 있을 것이다. 그러니 아이와의 약속을 소중히 다루어 반드시 지켜주는 노력과 일관성 있는 양육 태도를 행동으로 보여주어야 한다.

일관성 있는 양육 태도를 지속적으로 행하는 것은 사실 굉장히 어려운 일이다. 살다 보면 상황이나 입장이 바뀔 수도 있고, 때로는 부모가 원칙을 포기하고 아이에게 져주어야 하는 때도 있다. 그럴 때는 아이에게 어떠한 이유로 엄마, 아빠가 이러한 입장 변화를 보이게 되었는지, 다음번에는 어떻게 할지에 대해 설명해주는 것이 좋다. 그렇지 않으면 아이는 혼란을 느끼기 쉽다. 또 일관성 있는 양육 태도를 갖는 아주 좋은 방법은 아이에게 많은 선택권을 주고 스스로 결정해서 행동하도록 하는 것이다. 평소 "돼", "안 돼"를 자주 말하며 아이의 소소한 행동까지 다 간섭을 하게 되면, "돼"가 "안 돼"로, "안 돼"가 "돼"로 바뀌어야 하는 상황이 많아질 수밖에 없다. "글쎄…… 네 생각은 어떤데?", "그렇게 하면 이런 결과가 생길 수도 있을 텐데? 그때는 어떻게 할 수 있을까?", "엄마 생각엔 A가 더 좋을 것 같긴

한데, 네 생각은 다르다니, 우리 각자 하루만 더 생각해보고 다시 이야기하자"하며 아이가 스스로 선택하고 책임질 기회를 자주 만들어주는 것이다.

만족지연능력을 높이기 위한 둘째 원칙은 아이가 적당한 부족감을 느끼며 자라도록 하는 것이다. 부족함이 있어야 그것을 채우기 위한 노력을 하게 되는데, 자녀를 사랑하는 마음에 무엇이든 풍족하게 주고, 필요하다고 말하기도 전에 먼저 제공해주다 보면 아이들은 스스로의 노력을 통해 부족함을 채우려 하지 않고 부모만 쳐다보게 된다.

'시시하게 마시멜로 하나 가지고…… 우리 집에 가면 더 맛있는 과자 엄청 많아', '난 아침에 마시멜로 10개나 먹어서 마시멜로 먹고 싶지 않은데……' 하는 아이들은 당연히 마시멜로 하나를 더 얻기 위해 만족을 지연시키는 노력을 하지 않는다. "얘는 뭘 사준다고 해도 통하질 않아요. 일주일 동안 숙제 잘하면 사주겠다고 했는데, 한 3일 하다가 귀찮아지니까 선물 안 받아도 되니 숙제도 안 하겠다고 하잖아요. 욕심도 없고 목표도 없고, 누굴 닮아서 이런지 모르겠어요"하며 한숨을 지은 적이 있다면, 아이의 필요를 부모가 먼저 느끼고 부모가 너무 많은 것을 부족함 없이 채워주지 않았나 생각해볼 필요가 있다. 아이에게 무언가를 해주거나 사줄 때는 그것이 아이에게 꼭 필요한 것인지, 남들이 다 하니까 의례히 해주는 것은 아닌지, 아이는 필요를 못 느끼는데 부모가 그냥 해주고 싶은 것은 아닌지 등을 잘 판단해서 적당한 부족함을 남겨두는 것이 좋다.

단절적 억제력: 필요할 때 멈추고 주의를 전환하기

초등학교 2학년인 민규는 자기가 좋아하는 활동에 대한 집중력이 매우 높다. 손재주가 많은 민규는 요즘 로봇 만들기에 흠뻑 빠져 있다. 로봇 조립이 시작되면 2~3시간씩 몰두하기도 하고 어떤 때는 밥을 먹거나 잠을 자는 것까지 미루면서 계속하겠다고 고집을 피우기도 한다. 시간 여유가 있을 때는 문제 될 게 없지만 숙제가 있거나 학원을 가야 할 때는 엄마가 고함을 치거나 등짝을 때려야만 멈춘다. 담임선생님은 민규가 수업 시간에 딴생각을 많이 한다고 말한다. 자기가 좋아하는 활동을 하거나 아는 것이 나오면 수업 태도도 매우 적극적으로 변하고 집중도 잘하지만 하기 싫은 활동을 할 때는 아예 관심을 안 보이고 산만하게 움직인다고 하셨다. 또 담임선생님은 민규가 똑똑하고 호기심이 많은 아이지만 읽기나 쓰기 과제를 시키면 너무 하기 싫어하고 계속 딴짓을 해서 결국에는 다 끝내지 못하게 된다며 학습 부진까지 걱정하셨다.

아이가 자기가 좋아하는 활동, 예를 들어 종이 접기나 그림 그리기, 로봇 조립, 책 읽기 같은 활동을 할 때 한자리에서 오랫동안 앉아 꾸준히 하는 것을 보면 마음이 뿌듯하고 좋다. 주변의 사소한 소리나 냄새에 방해받지 않고 배고픔이나 지루함도 견뎌가며 계속해서 한 가지 활동에 몰두하니 집중력이 높은 아이에게 자부심도 느끼게 된다.

그런데 이런 아이들이 학교에 입학하고 나면 상황이 조금 달라진다. 담임선생님은 아이가 고집이 세다거나 산만하다는 말을 하기 쉽다. "이제 수학 책을 펴세요" 하는 교사의 지시를 무시하고 계속해서 자기가 좋아하는 활동만 하려 든다거나 자기가 좋아하는 활동에만 집중을 하고 다른 활동에는 관심을 보이지 않기 때문이다.

높은 집중력을 발휘하기 위해서는 주어진 하나의 과제에 지속적으로 집중하는 능력뿐만 아니라 상황에 맞추어 하던 활동을 중단하고 다른 활동으로 주의를 전환하는 능력도 있어야 한다. 학자들은 이것을 '단절적 억제력interruptive inhibition'이라고 부르는데, 집중력이 부족한 사람들 중 상당수, 그리고 주의력 결핍 및 과잉 행동 장애와 같은 심각한 집중력 문제를 가지고 있는 사람들 대부분이 단절적 억제력이 부족하다.

단절적 억제력이 부족하면 집보다는 단체 생활을 해야 하는 학교에서 특히 더 문제가 된다. 집에서는 아이가 로봇 조립에 집중하고 있으면 저녁 시간을 늦추거나 숙제를 미루도록 허용할 수도 있지만 정해진 시간에 정해진 활동을 해야 하는 학교에서는 어렵다. 아무리 로봇 조립이 좋아도 점심시간에는 다 같이 식사를 해야 하고 수학 시간에는 수학 문제를 풀어야 한다.

단절적 억제력은 자기통제력과 상관이 높다. 자기통제력이 높은 사람은 자신이 처한 상황을 고려하여 자신의 욕구를 조절할 수 있는 데 반해, 자기통제력이 낮은 사람은 상황이 어떻든 간에 자신이 원하는 것을 우선적으로 하려고 한다. 그래서 집중력을 높이기 위해서는 멈추어야 할 때 멈추고 주의를 전환할 수 있는 능력, 즉 단절적 억제력을 높여야 하며, 단절적 억제력을 높이기 위해서는 자기통제력도 함께 높여주어야 한다(자기통제력 관련 내용은 3장에서 더 자세히 다루고 있다).

단절적 억제력을 높여주기 위해서는 아이가 무언가에 흠뻑 빠져 즐겁게 몰입하고 있을 때 이것을 일부러 방해해서도 안 되지만, 자신이 해야 할 다른 중요한 일들을 제쳐놓고 좋아하는 것만 하려고 하는 것을 마냥 허용해서도 안 된다. 한계와 기준을 정해주어야 한다.

한번 시작하면 흠뻑 빠져서 하는 활동을 시작하기 전에는 미리 끝마치는 시간을 정하는 것이 좋다. 그리고 활동을 끝마쳐야 하는 시각이나 상황이 다가오면 시간 간격을 두고 알려주는 것이 좋다.

"엄마는 네가 또 책을 잡으면 밥도 안 먹고 숙제도 안 하고 계속 책만 읽을까 봐 걱정이 되는데, 어쩌지? 책 읽기 전에 시계 좀 보자. 지금이 4시인데 너는 몇 시까지 책을 읽을 거니?" 하고 아이의 생각을 들어주는 것이다. 그리고 적당히 아이가 원하는 시간과 부모님이 허용할 수 있는 시간을 절충하여 "좋아, 그럼 5시 반까지만 읽기로 하자. 약속할 수 있지? 지금 본 저 시계 기준으로 5시 반이야"
하고 명확히 기준을 알려주어야 한다.

이때는 단호한 태도가 필요하다. "7시까지 읽으면 저녁을 늦게
먹어야 하고 그러면 숙제할 시간이 부족해서 안 돼. 엄마는 네가 5시
까지만 읽으면 좋겠는데, 30분 더 주는 거야. 5시 반. 어때? 엄마 말
대로 할 거야? 아님 숙제를 먼저 끝내고 책을 읽을래?" 하고 분명하
게 말하는 것이다. 그리고 30분 정도 시간이 남은 상황에서 "와~
벌써 5시네. 한 시간 동안이나 꼼짝 않고 책을 보니까 엄마도 흐뭇
하다. 그런데 30분 후면 약속한 시간이야. 기억하고 있지?" 하면서
약속된 시간이 다가오고 있음을 상기시키는 것이 좋다. 이후에 "5분
남았다. 정확히 5분 후에는 책을 덮기로 하자!" 하며 5분 전 즈음에
알려줄 수도 있다.

이렇게 약속한 시간이 다가오고 있음을 알려주는 것은 아이들의
단절적 억제력을 높이는 데 큰 도움이 된다. 시간을 가늠하고 그것
에 맞추어 행동을 조절하는 능력은 우리 뇌의 전두엽 실행 기능과
관련되는 것인데 전두엽 발달은 20대 초반이나 되어야 완성된다.
때문에 대부분의 아이들은 시간에 맞추어 행동을 조절하는 능력이
성인에 비해 부족하다. 시간이 얼마나 흘렀는지 감지하지 못하기
때문에 약속한 시간이 지나도 멈추지 못하고 흠뻑 빠져 있는데, 그
상황에서 갑자기 시간이 다 되었으니 그만하라고 하면 욕구 불만이
생기기 쉽다. 갑자기 행동을 멈추게 하기보다는 남은 시간을 알려

주고 행동을 조절할 기회를 주면 전두엽 실행 기능이 더 잘 발달할 수 있다.

단, 하고 싶은 활동을 할 수 있는 시간을 너무 적게 주어서는 안 된다. 좋아하는 활동을 무한정 하게 두어서도 안 되지만 찔끔찔끔 허용하는 것도 좋지 않다. 아이가 원하는 만큼 충분히는 아니더라도 적당한 시간을 허용해주어야 한다.

또 아이를 쫓아다니면서 너무 자주 남아 있는 시간을 알려주는 것은 좋지 않다. "30분 남았어", "이제 20분 남았다. 마무리 준비해", "자 이제 10분 남았어, 알고 있지?" 하고 시간을 자주 이야기해주면 아이는 좋아하는 활동에 몰입을 못 하고 조바심을 느끼게 된다. 그러니 2~3번 정도 남아 있는 시간을 알려주되, 5분이나 10분이 남았을 때는 마지막으로 남은 시간을 알려주는 것이 좋다. 그리고 그 시간이 되면 단호하게 행동을 멈추게 하고 다른 활동으로 주의를 전환하도록 해야 한다.

만일 약속한 시간에 맞춰 아이 스스로 행동을 멈춘다면, 이때야말로 아이에게 칭찬을 듬뿍 해주어야 할 타이밍이다. 아이의 행동을 당연하게 생각하고 얼른 밥 먹어라, 숙제 시작해라 다그치는 것이 아니라 "와~ 약속한 시간이 되니까 알아서 일어나네. 정말 대견하다", "이제 엄마 잔소리 없이도 스스로 마무리까지 잘하네. 정말 기쁘다" 하며 아이를 격려해주어야 한다.

학습 집중력: 새로운 정보를 기존 정보와 연결해서 이해하고 적용하기

4학년 아현이는 선생님의 눈에 잘 안 띄는 아이이다. 수업 시간에도 있는 듯 없는 듯 조용히 앉아 있고 다른 친구들을 방해하거나 괴롭히지도 않는다. 그래서 선생님은 아현이가 이렇다 할 특징이 없는 평범하고 차분한 아이라고 생각했다. 그런데 아현이의 성적이 반 평균에 못 미치는 것을 이상하게 여긴 선생님이 아현이의 수업 태도를 찬찬히 살펴보니 의외로 집중을 잘 못하고 산만한 것을 발견하게 되었다. 아현이는 수업 시간에 멍하니 다른 곳을 쳐다보거나 엉뚱한 페이지를 펼쳐놓고 있거나 낙서를 하고 있는 경우가 종종 있었다. 또 몸 움직임이 많은 것은 아니지만 깨작거리며 쓸데없는 행동을 많이 하고 있었다. 선생님이 주의를 주면 잠깐은 앞을 바라보고 집중하는 듯이 보이지만, 어느새 시선은 다른 곳을 향해 있고 딴생각에 빠져 있는 것처럼 보이는 경우가 많았다.

집중을 잘하기 위해서는 중요한 정보에 초점을 맞추는 능력뿐만 아니라, 새로 접한 중요한 정보와 이미 알고 있던 정보들 간의 연결 고리를 만들어서 통합적으로 이해하는 능력이 필요하다. 이러한 능력을 학습 집중력이라고 하는데, 학습 집중력은 정보처리 능력, 지능, 인지능력 등이 높을수록 더 잘 발휘된다.

아현이처럼 수업 시간에 딴짓을 하거나 멍하니 앉아 있다고 하는 아이들 중에는 새로운 정보와 연결시킬 기존 정보가 부족해서 집중을 못하는 아이들이 많다. 아는 것이 많은 사람은 어떤 새로운 것을 배울 때 그 원리를 기존에 알던 것과 연결시켜 빠르게 이해하고 깊게 빠져들 수 있지만, 아는 것이 적은 사람은 연결시킬 배경지식이 없으니 이해도 잘 안 되고 그만큼 집중도 힘들어지게 되는 것이다.

대부분의 수업은 이전 학년이나 단계에서 배웠거나 비슷한 학년의 아이들이 상식 수준에서 알고 있는 내용을 토대로 새로운 개념이나 원리를 가르치는데, 이전 학년에서 핵심 내용을 제대로 익히지 못한 채로 학년만 올라왔거나 독서나 경험의 부족으로 배경지식이 또래에 비해 부족하다면 선생님의 설명에 집중을 하지 못하고 멍하니 딴생각으로 쉽게 빠지게 되는 것이다. 수학 시간에 집중력이 떨어진다면 수학 수업을 이해하지 못하기 때문일 수 있고, 영어 학원에서만 산만하다는 평을 듣는다면 영어 학원의 수업 수준이 아이에게 안 맞기 때문일 수 있다.

전반적으로 모든 수업에서 집중을 못한다면 전반적인 학습 능력이 부족하기 때문일 수도 있다. 이런 경우 아이의 인지능력에 대한 객관적 평가를 받아보는 것이 좋다. 인지능력을 평가하는 대표적인 검사는 지능검사와 주의집중능력검사 같은 것들이다. 이런 검사들을 통해서 인지 발달이 불균형하게 이루어지거나 지체되고 있지는 않은지 점검할 필요가 있다.

학습 능력 부족으로 인해 집중력이 낮은 아이들은 학년이 높아질수록 학습 결손의 위험이 커진다. 같은 학년 다른 아이들은 모두 배우고 익히는 지식을 익히지 못한 채 학년만 올라가기 때문이다. 이런 경우에는 학년이 올라갈수록 집중력은 더 낮아지고, 학습 결손은 더 심해지는 악순환을 겪게 된다. 어느 단계, 어떤 부분에서부터 학습 결손이 시작되었고 결손의 정도는 얼마나 되는지를 살펴보고 그 단계로 내려가서 결손된 부분을 메우지 않으면 집중력 향상은 기대하기 어렵다. 만일 담임선생님이나 여타의 선생님들로부터 집중력이 낮다는 말을 자주 듣고 있고, 교과 성적이 낮은 편에 속한다면 학습 집중력이 부족할 가능성이 크니 객관적 평가와 체계적 도움을 준비하는 노력이 필요하다.

 집중력에 대한 오해와 이해

어릴 때 집중을 잘했던 아이는 커서도 집중을 잘한다?

"어릴 때는 집중 잘한다는 칭찬을 많이 들었어요. 책도 오랫동안 잘 보고 블록을 가지고 2~3시간씩 혼자 놀고 그랬거든요."
어릴 때는 천재 소리를 들을 정도로 집중력이 뛰어났던 아이였는데 오히려 성장하면서 집중력이 더 떨어졌다고 하소연하는 부모들을 자주 본다. 어릴 때 그렇게 높았던 집중력이 왜 성장하는 동안 유지되지 않는 것일까?
집중력은 수동적 집중력과 능동적 집중력으로 구분된다. 수동적 집중력은 누구나 본능적으로 가지고 있는 집중력이다. 인간은 자기 주변 세계를 탐구하고 적응하려는 본능이 있기 때문에 새로운 상황에서는 높은 집중력을 보이고, 익숙하고 편안한 상황에서는 낮은 집중력을 보이게 마련이다. 어린아이일수록 새로 접하는 것들이 많고, 한 번에 처리할 수 있는 정보의 양이 적기 때문에 하나의 새로운 놀잇감이나 교구를 만나면 오랜 시간 집중을 할 수 있다. 그러나 그 놀잇감이나 교구를 충분히 만져보고 익숙해진 후에는 집중력이 떨어지게 된다. 그러니 수동적 집중력은 아이가 성인이 되는 과정에서 서서히 줄어들 수밖에 없다. 낮아진 수동적 집중력의 자리는 능동적 집중력이 메워야 한다. 더 이상 새롭거나 신기하지 않은 익숙한 것에서 예전에 발견하지 못했던 새로운 원리나 의미를 찾아낼 수 있어야 능동적 집중력이 발휘된다. 특히 공부처럼 어렵고 반복되는 과제를 해야 하는 상황에서는 적극적인 노력을 통해 집중력을 끌어내야만 한다. 이것이 안 되는 사람은 시간이 갈수록 집중력이 더 떨어지는 것이 당연하다. 학년이 높아질수록 높은 능동적 집중력을 발휘하기 위해서는 공부의 의미와 목표를 분명히 해야 하고 지속적 집중력과 학습 집중력이 뒷받침되어야 한다.

컴퓨터 게임에 집중하는 만큼 공부에도 집중을 할 수 있다?

"전 컴퓨터 게임을 할 때는 집중을 아주 잘해요. 게임을 할 때는 옆에서 누가 말을 걸어도 들리지 않을 정도로 컴퓨터에 빠져들거든요. 부모님은 컴퓨터 게임 할 때만큼 집중력을 발휘하면 전교 1등은 할 수 있을 거라고 말씀하세요. 그런데 왜 공부에는 집중이 안 되는지 모르겠어요."

컴퓨터 게임에 집중을 잘하면 공부에도 집중을 잘할 수 있을까? 결론부터 말하자면, 그렇지 않다. 컴퓨터 게임을 할 때의 집중력과 공부할 때의 집중력은 완전히 다르다. 컴퓨터 게임은 화려한 그래픽과 현란한 소리로 사람들을 자극해서 필요 이상의 흥분 상태를 만든다. 그 상태에서의 집중력은 앞에서 설명한 수동적 집중력에 속한다. 본인이 어떠한 노력을 기울여서 집중을 하는 것이 아니라 외부 자극 자체가 새롭고 강하기 때문에 자신도 모르게 집중이 되는 상태이기 때문이다.

컴퓨터 게임에 익숙한 사람들, 즉 수동적 상태에서 강한 자극을 많이 접한 사람들은 차분히 앉아서 생각을 정리하며 능동적으로 집중력을 발휘해야 하는 상황에서 오히려 집중을 못하게 된다. 그러니 수업을 듣거나 혼자서 공부를 해야 하는 익숙하고 지루한 상황에서는 집중을 못할 수밖에 없다. 공부할 때 집중을 잘하고 싶다면 오히려 게임과 같은 강한 자극에 집중하는 상황을 줄여야 한다.

집중력은 타고나는 것이다?

"우리 형은 집중력이 높은데, 저는 집중력이 낮아요. 형은 머리도 좋고 집중력도 높게 태어났는데, 저는 머리는 좋은데 집중력은 낮게 태어났대요. 제가 아빠를 닮아서 그런 거래요."

집중력 때문에 부모님의 잔소리를 많이 들은 학생의 말이다. 타고난 자신의 집중력이 낮기 때문에 공부를 잘할 수 없다며 억울함을 호소하는 것이다. 많은 사람이 집중력은 타고나는 것이라서 노력을 해도 높일 수가 없다고 생각하지만 사실은 그렇지 않다.

집중력, 그중에서도 특히 능동적 집중력은 타고나는 것이 아니라 성장하는 과정에서 발달하는 것이다. 공부를 잘하는 학생들은 모두 능동적 집중력이 높다. 공부 자체가 재미있고 즐거워서 자연스럽게 집중하는 것이 아니라, 어렵고 힘들지만 공부가 필요하다고 느끼기 때문에 스스로를 달래고 조절하면서 적극적으로 집중력을 이끌어내는 것이다.

이런 능동적 집중력은 부모, 교사, 친구 등을 포함한 다양한 사람, 그리고 그들과 함께하는 다양한 상호작용을 통해 서서히 발달한다. 집중력이 부족한 것은 '타고나서' 혹은 '남편을 닮아서'가 아니라 적절한 경험과 교육이 부족했기 때문이니 부족했던 그 부분을 찾아 보충해주는 노력을 시작하면 된다.

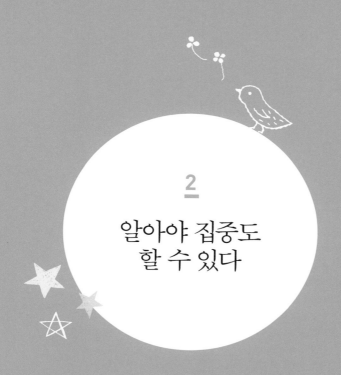

2

알아야 집중도
할 수 있다

만일 내가 다시 아이를 키운다면
_다이애나 루먼스

먼저 아이의 자존심을 세워주고
집은 나중에 세우리라.
아이와 함께 손가락 그림을 더 많이 그리고
손가락으로 명령하는 일은 덜 하리라.
아이를 바로잡으려고 덜 노력하고
아이와 하나가 되려고 더 많이 노력하리라.
시계에서 눈을 떼고 눈으로 아이를 더 많이 바라보리라.
만일 내가 다시 아이를 키운다면
더 많은 관심 갖는 법을 배우리라.
자전거도 더 많이 타고 연도 더 많이 날리리라.
들판을 더 많이 뛰어다니고 더 오래 바라보리라.
더 많이 껴안고 더 적게 다투리라.
도토리 속의 떡갈나무를 더 자주 보리라.
덜 단호하고 더 긍정하리라.
힘을 사랑하는 사람으로 보이지 않고
사랑의 힘을 가진 사람으로 보이리라.

아이에게 집중력을 길러주는 것은 아이가 자신의 삶을 주체적으로 창조해나가는 데 꼭 필요한 능력을 선물하는 것이다. 하지만 대개 부모들은 집중력을 단순히 공부 성적을 올리는 도구로만 생각한다. 물론 집중력과 성적은 밀접한 상관이 있지만, 성적 향상은 집중력을 통해 얻게 되는 여러 가지 부산물 중 하나일 뿐이다.

집중력을 통해 얻게 되는 가장 소중한 것은 자기 자신과 주변 환경에 대한 믿음을 갖고 자신 있고 당당하게 살아나가는 것이다. 좋아하고 잘하는 것을 하면서 주변 사람들과 행복한 관계를 만들며 살아가는 데 꼭 필요한 능력이 바로 집중력이기 때문이다.

집중력을 높이기 위해서는 아이의 적성과 흥미를 파악해서 그것을 통해 집중력을 높이고, 높아진 집중력이 다시 적성과 흥미를 더욱 높이는 데 활용될 수 있어야 한다. 아이의 특성과 재능을 정확히 확인한 뒤에 학습의 기초가 되는 인지능력을 다지면서, 아이에게 맞는 공부 방향과 방법을 찾아야 한다. 그래야 집중력을 현명하게 이끌어내고 활용할 수 있다.

좋아하는 영역을 찾아
키워주기

아이의 집중력, 그중에서도 정보처리 능력을 높이기 위해서는 아이가 좋아하고 잘하는 영역을 찾아 계발해줘야 한다. '평양 감사도 제가 싫으면 그만'이라는 속담처럼 아무리 부모가 원해도 아이가 싫어하는 것을 억지로 시킬 수는 없다. 그러면 아이는 하는 시늉만 할 뿐 집중력을 발휘해 열심히 하지 않는다. 당연히 그 결과도 부모의 기대에 못 미칠 수밖에 없다. 하지만 좋아하는 영역을 발달시키다 보면, 그 영역에서는 최고의 집중력을 발휘할 수 있고, 시간이 지나면 좋아하지 않는 영역에서도 집중력을 발휘할 수 있게 된다.

우리나라를 포함해서 일본, 대만, 중국, 베트남 등의 동양 문화권에서는 공부는 누구나 열심히만 하면 잘할 수 있는 것이라고 생각한다. 그래서 공부를 못하면 노력을 게을리했기 때문이라며 개인 탓을 한다.

반면 유럽이나 북아메리카 대륙의 서구 문화권에서는 공부는 타고난 재능이 있는 사람이 잘하는 것이라고 생각한다. 그래서 공부에 재능이 안 보이는 아이들에게는 일찍부터 더 잘할 수 있는 것을 찾도록 다양한 진로 교육과 직업 교육을 실시한다. 공부를 못한다고 개인을 탓하지 않는다. 대신 하늘에서 부여한 자신의 특정 재능을 꽃피우기 위해 성실히 노력하지 않는다면 그것을 탓한다.

음악에 재능이 없는 사람도 꾸준히 피아노 연습을 하고 보컬 트레이닝을 받으면 음악적 재능을 키울 수 있지만, 타고난 음악적 재능이 있는 사람만큼 잘하기는 어렵다. 아무리 노력해도 타고난 재능이 있는 사람만큼 수월하게 되지 않는 현실 앞에서 좌절하고 열등감을 느끼게 마련이다.

공부 역시 마찬가지이다. 노력하면 어느 정도까지는 잘할 수 있지만, 부모가 바라는 만큼 공부를 '정말' 잘하는 사람이 될 수 없는 아이들도 있다. '공부에 재능이 없어도 일찍부터 공부를 많이 시키면 되지 않을까? 남들보다 더 열심히 하면 되지 않을까?' 생각하고 공부에 매달리기보다는 타고난 다른 재능을 북돋아주는 것이 더 나을 수 있다.

반가운 것은 우리 사회가 점차 다양화되고 있다는 것이다. 교육 환경도 다양화되었고 성공의 기준도 달라지고 있다. 명문 대학 졸업이 성공의 지름길인 시대는 이제 지나갔다. 출신 학교와 상관없이 자신이 좋아하는 일을 하면서 성공도 하고 행복한 삶을 사는 사람이 늘어가고 있기 때문이다. 그러니 더 이상 학교 성적 하나만으로 아이의 성공을 예측하며 조바심 낼 필요가 없다. 오히려 아이가 좋아하고 잘하는 영역을 함께 찾고 그 영역 안에서 꾸준한 성취를 할 수 있게 가이드를 해주어야 아이를 행복하고 성공하는 사람으로 키울 수 있다. 어떠한 재능이든 자신이 가진 재능을 성실하게 키워나가면서 그 과정에서 집중력, 창의력, 분석적 사고력, 문제 해결력,

대인 관계 능력 등을 키울 수 있다면 공부를 통한 성공과 행복 이상의 것을 얻을 수 있다.

아이들은 저마다의 재능을 가지고 태어난다. 그리고 성장 과정에서 접하는 다양한 문화적 환경과 교육적 기회에 의해 어떤 재능은 더욱 계발되고, 어떤 재능은 오히려 빛을 잃게 되기도 한다. 또 자신의 재능을 필요로 하는 활동이나 공부를 할 때 사람들은 더 많은 기쁨을 느끼고 집중도 더 잘하기 때문에 더 좋은 결과를 얻는다. 좋아하는 일을 통해 성취감을 느끼고 집중력을 기르면, 덜 좋아하는 일에도 집중을 할 수 있게 된다. 타고난 재능을 직업과 연결시킬 경우 성공의 가능성도 커지지만, 재능을 무시한 채 부모의 기대나 사회적 지위만을 고려해서 직업을 선택하게 되면 성공의 가능성은 낮아질 수밖에 없다.

미국 하버드대학 교수인 하워드 가드너Howard Gardner는 기존의 지능이론과 학교교육이 지나치게 인간의 재능을 편협하게 개념화한 것을 비판하며, 다중지능이론을 대안으로 제시한 바 있다. 다중지능이론에 의하면 사람마다 타고난 재능이 각기 다르며, 어떤 사람도 모든 재능을 다 가지고 있지는 못하다. 한두 지능만 확연하게 높고 다른 지능은 모두 낮은 사람도 있고, 세 가지 이상의 여러 지능에서 비슷하게 높은 능력을 발휘하는 사람도 있지만, 모든 영역의 지능이 다 높거나 다 낮은 사람은 없다.

다중지능이론에서는 인간의 능력을 논리수학 지능, 언어 지능,

자연주의 지능, 공간 지능, 음악 지능, 신체운동 지능, 대인관계 지능, 자기이해 지능 등으로 구분하여 제시했다. 학교 교육과 평가에서는 지나치게 논리수학 지능과 언어 지능만을 강조하지만, 실제 사회에서의 성공은 다양한 지능과 관련이 있으니, 각 영역별 지능의 특성에 대해 살펴보면서 어떤 직업 영역에서 성공의 가능성이 큰지 점검해보자.

 우리 아이가 집중을 더 잘할 수 있는 영역 찾기

평소 아이 모습을 생각하며 체크해보세요.
그리고 가장 점수가 높은 2~3가지를 꼽아보세요.

		전혀 아님	가끔 그럼	그런 편임	매우 그럼
1	자기 생각을 조리 있게 잘 말한다.	1	2	3	4
2	글 쓰는 것을 좋아한다.	1	2	3	4
3	사람들 앞에서 자신의 생각이나 의견을 잘 표현한다.	1	2	3	4
4	다른 사람의 말뜻을 빨리 이해한다.	1	2	3	4
5	책 읽는 것을 즐긴다.	1	2	3	4
1	과학 실험을 좋아한다.	1	2	3	4
2	수학 문제 푸는 것을 좋아한다.	1	2	3	4
3	사물을 분해, 조립, 재구성하는 것을 즐겨 한다.	1	2	3	4
4	논리적·추론적 사고를 잘한다.	1	2	3	4
5	물체의 작동 원리에 대한 궁금증이 많다.	1	2	3	4

		전혀 아님	가끔 그럼	그런 편임	매우 그럼
1	식물을 키우거나 관찰하는 것을 좋아한다.	1	2	3	4
2	동물에 대한 관심이 많고 좋아한다.	1	2	3	4
3	구름, 날씨, 식물 등 자연 관찰을 좋아한다.	1	2	3	4
4	캠핑이나 등산과 같은 자연 친화적 활동을 즐긴다.	1	2	3	4
5	식물이나 동물과 교감 나누는 것을 좋아한다.	1	2	3	4
1	사진이나 그림 등에 관심이 많다.	1	2	3	4
2	교과서, 공책 등을 다양한 색과 장식으로 꾸미는 것을 좋아한다.	1	2	3	4
3	낯선 곳에서도 길을 잘 찾는다.	1	2	3	4
4	자르기, 붙이기, 그리기, 색칠하기, 만들기 등을 좋아한다.	1	2	3	4
5	기존의 것을 새롭게 꾸며서 창조하는 것을 좋아한다.	1	2	3	4
1	달리기나 점프를 잘한다.	1	2	3	4
2	자전거, 인라인스케이트 같은 것을 빨리 배우고 즐겨 탄다.	1	2	3	4
3	운동이나 신체 활동을 좋아한다.	1	2	3	4
4	춤이나 율동을 쉽게 배우고 잘한다.	1	2	3	4
5	한 발로 서기나 평균대 서기 등을 할 때 균형을 잘 잡는다.	1	2	3	4
1	평소 음악 듣는 것을 즐긴다.	1	2	3	4
2	노래를 부를 때 음정 박자를 잘 맞춘다.	1	2	3	4
3	음악을 따라 부르거나 음악에 맞추어 율동하는 것을 좋아한다.	1	2	3	4
4	노래를 직접 만들거나 변형해서 부르기도 한다.	1	2	3	4
5	음악에 대한 대화나 평가를 즐긴다.	1	2	3	4

아이의 집중력, 부모에게 달려 있다

1 사람 돕는 일을 즐긴다.	1 2 3 4
2 새 친구를 쉽게 잘 사귄다.	1 2 3 4
3 다른 사람의 성격이나 기호 등을 잘 파악한다.	1 2 3 4
4 친구들 사이에서 인기가 좋다.	1 2 3 4
5 다른 사람의 기분이나 분위기를 잘 파악한다.	1 2 3 4

1 자신의 감정, 생각 등에 대한 대화를 좋아한다.	1 2 3 4
2 갑자기 울거나 화를 내기보다는 감정을 잘 조절해서 표현한다.	1 2 3 4
3 다른 사람이 지적하지 않아도 자신의 잘못이나 문제점을 잘 파악한다.	1 2 3 4
4 자신을 기분 좋게 하는 방법을 알고 있다.	1 2 3 4
5 자기 자신에 대한 생각이 많고 자신의 장단점을 잘 파악하고 있다.	1 2 3 4

언어 지능

언어 지능은 단어의 소리, 리듬, 의미 등에 대한 높은 민감성을 바탕으로 말과 글을 적절히 활용할 수 있는 능력을 말한다. 언어 지능이 높은 아이들은 우리말뿐만 아니라 외국어를 쉽게 배우고 활용할 수 있다. 언어 지능은 타고나는 부분도 있지만 어려서부터 책을 많이 접해온 아이들에게서 높게 발달하는 특성이 있다. 또 자기보다 나이가 많은 어른이나 형제들과 대화를 많이 하는 환경에서 자란 아이들의 경우에도 언어적 재능이 잘 발달한다.

언어 지능이 높은 아이들은 다양한 어휘를 세련되게 활용할 수 있고, 자신의 생각을 조리 있게 잘 표현한다. 쓰기나 글짓기 같은 활동을 즐겨 하고 끝말잇기나 낱말 맞히기 같은 활동도 잘한다. 뿐만 아니라 다른 사람의 말이나 글 속에 담긴 여러 가지 다른 의미를 정확하고 섬세하게 파악할 수 있다.

언어 지능은 논리수학 지능과 함께 전통적인 의미에서 '공부 잘하는 머리 좋은 아이들'이 갖고 있는 능력이기도 하다. 학교에서의 수업과 학습이 대부분 글이나 말로 이루어지기 때문에 국어, 영어 등의 언어 관련 교과는 물론 사회나 도덕 등 대부분의 교과에서 우수한 성적을 받기 쉽다.

언어 지능은 대부분의 직업에서 기본적으로 요구하는 능력이기 때문에 언어 지능이 높은 아이는 직업 선택의 폭이 넓다. 특히 더 많은 언어 지능을 요구하는 직업으로는 소설가나 시인 같은 문학가, 번역가, 통역사 등의 직업이 있다. 또한 아나운서, 기자, 외교관,

언어 지능이 높은 사람의 특성

- 아는 어휘가 많다.
- 글짓기를 잘한다.
- 책 읽는 것을 좋아한다.
- 말을 조리 있게 잘한다.
- 국어 시간을 좋아한다.
- 글의 내용을 빨리 파악한다.
- 낱말 맞히기나 끝말잇기를 좋아하고 잘한다.
- 책의 내용을 잘 이해하고 오래 기억한다.
- 글이나 말로 자신의 생각과 느낌을 잘 표현한다.
- 사회 과목을 잘한다.

기업이나 기관의 홍보전문가, 정치인, 문학평론가, 변호사, 교사, 리포터, 방송작가 등도 어울리는 직업에 해당한다.

논리수학 지능

논리수학 지능은 논리적이고 체계적인 사고를 통해 과학적이고 수학적인 문제 해결을 하는 능력을 말한다. 논리수학 지능이 높은 아이는 원인과 결과에 대한 논리적 사고를 많이 하기 때문에 호기심이 많고 "왜?"라는 질문을 자주 한다. 또 추상적인 개념을 잘 이해하기 때문에 과학과 수학에서 주로 사용되는 기호와 상징을 쉽게 터득하고 그것을 이용해서 논리를 만들어낼 수 있다. 눈에 보이거나 손으로 만질 수 있는 도구가 없더라도 머릿속으로 가설을 만들고 추론을 하여 결론을 이끌어낼 수 있다. 그래서 과학 이론이나 수학의 공식 도출 과정 등 규칙이나 법칙에 대한 이해가 쉽다.

논리수학 지능이 높은 아이

논리수학 지능이 높은 사람의 특성

- 규칙을 쉽게 이해한다.
- 수학이나 과학 과목을 특히 좋아한다.
- 체계를 가지고 공부나 일하는 것을 좋아한다.
- 암산을 잘한다.
- 논리 정연한 토론을 잘한다.
- 개념과 원리 파악을 잘한다.
- 실험을 잘하고 즐긴다.
- 다른 사람의 말에서 논리적 모순을 잘 발견한다.
- '왜'라는 질문이 많다.
- 숫자를 가지고 하는 놀이를 좋아한다.

는 대부분 학교 공부를 잘한다. 특히 수학이나 과학처럼 대부분의 아이들이 어려워하고 싫어하는 과목에서 높은 성적을 얻는다. 또 수학, 과학뿐만 아니라 대부분의 학교 교과가 논리 정연한 사고 과정을 요구하기 때문에 다른 교과에서도 높은 성적을 얻기 쉽다. 하지만 단순히 암기만 해야 하거나 무의미한 내용을 반복적으로 공부해야 하는 상황에서는 흥미를 잃고 집중을 못하기도 한다.

논리수학적 지능이 높은 아이에게는 높은 추상적 사고력과 논리력과 추리력이 요구되는 엔지니어, 정보검색사, 의사, 과학자, 증권 전문가, 회계사, 과학 교사, 수학 교사, 이공계열 교수, 생활설계사, 컨설턴트, 임상병리사 등의 직업이 잘 어울린다.

전통적인 학교 학습 장면에서는 언어 지능과 논리수학 지능이 높은 아이들이 공부를 잘한다. 그래서 이 두 지능이 높은 아이를 둔 부모는 그렇지 않은 아이를 둔 부모에 비해 아이의 공부나 진로에 대한 고민을 덜 하기도 한다.

하지만 가드너가 다중지능이론을 개발한 이유나 내가 이 책에서 다중지능을 다루는 이유는 언어 지능과 논리수학 지능 이외의 지능이 높은 아이들을 더 잘 이해하고 도와주기 위한 것이다. 이제부터 설명되는 지능은 학교 공부와 별 상관이 없거나 오히려 방해가 되는 것처럼 보이는 지능도 있다. 재능도 어느 정도는 선천적인 것이므로 아이의 타고난 재능을 바꾸려고 하기보다는 그 재능을 잘 다

들어 빛이 날 수 있게 도와주는 것이 현명하다.

자연주의 지능

자연주의 지능은 동물과 식물, 그리고 그들의 성장에 영향을 미치는 요소들 간의 생태 관계를 이해하고 체계적으로 분류하는 능력이다. 자연주의 지능이 높은 아이는 동물도감, 식물도감, 백과사전 등을 즐겨 보며 동식물의 이름을 잘 외운다. 또 동물, 식물의 분류 체계를 잘 파악하고 이들의 생태 환경에도 관심이 많기 때문에 실제로 동식물을 잘 키우기도 한다.

날씨나 환경처럼 동식물의 성장에 영향을 미치는 요소들에도 관심을 많이 기울이며 환경 보존에도 많은 관심을 갖고, 자연계의 자원을 이용하는 것과 관련된 지식도 풍부하다. 교과목 중에서는 생물이나 지구과학 관련 과목을 좋아하고 실내 활동보다는 자연을 접할 수 있는 외부 활동을 선호한다.

자연주의 지능이 높은 아이는 생명공학자, 유전공학자,

자연주의 지능이 높은 사람의 특성

- 동물과 쉽게 친해진다.
- 식물을 잘 가꾼다.
- 나무나 꽃에 대한 관심이 많다.
- 동물을 잘 키운다.
- 동물이나 식물과 대화를 나누는 등 교감을 잘한다.
- 동물이나 환경 관련 영화 혹은 다큐멘터리를 좋아한다.
- 캠핑이나 등산을 좋아한다.
- 자연 관찰을 좋아한다.
- 식물도감, 동물도감을 즐겨 본다.
- 날씨에 관심이 많고 잘 예측한다.

생물학자, 식물학자, 수의사, 천문학자, 조류학자, 환경 운동가, 농장 운영자, 동물 조련사, 생물 교사, 지구과학 교사 등의 직업이 잘 어울린다.

공간 지능

공간 지능은 입체적인 공간에 대한 이해 및 인식 능력을 말한다. 공간 지능이 높은 사람은 사물의 색깔, 모양, 공간, 형태 등의 관계를 분석하고 차이를 변별하는 능력이 높기 때문에 기계 조작을 잘하고 입체적인 물건들을 잘 다룬다. 그래서 만들기와 종이접기 같은 활동을 즐기고 블록이나 퍼즐 맞추기도 잘한다.

공간 지능이 높은 아이는 처음 찾아가는 길도 간단한 지도나 이정표로 잘 찾아가고 한 번 갔던 길은 좀처럼 잊어버리지 않는다. 시각적이고 입체적인 자료를 이해하고 기억하는 능력이 높아 글자만으로 된 자료보다는 도표나 그림 자료를 통한 공부를 더 재미있고 쉽게 할 수 있다. 미술을 비롯한 만들기와 그리기 능력을 요구하

공간 지능이 높은 사람의 특성

- 고장 난 기계를 잘 고친다.
- 지도 보고 길 찾는 것을 잘한다.
- 도표나 그림으로 된 것을 잘 이해한다.
- 만들기나 그림 그리기를 좋아한다.
- 눈썰미가 있다.
- 조각 그림 맞추기를 잘한다.
- 분해하고 조립하는 것을 잘한다.
- 한 번 갔던 곳을 잘 기억한다.
- 수학의 도형 부분을 잘 이해한다.
- 한두 번 본 것은 비슷하게 그릴 수 있다.

는 교과에서 우수한 능력을 발휘하고, 수학에서는 도형이나 기하학 영역에서 특히 높은 흥미를 보이고 실제 학습도 잘한다.

공간세계를 잘 이해하고 시각적이고 입체적인 것을 파악하는 능력이 높기 때문에 사진가, 건축가, 엔지니어, 인테리어 디자이너, 여행전문가, 디자이너, 일러스트레이터, 화가, 큐레이터, 영화감독 등의 직업이 잘 어울린다.

신체운동 지능

신체운동 지능은 자신의 몸에 대한 감각과 조절 능력을 말한다. 신체운동 지능이 높은 사람은 운동감각이 뛰어나기 때문에 몸의 균형을 잘 잡고 몸의 근육이 잘 발달하여 튼튼하고 재빠르다. 유연성 또한 뛰어나서 신체 근육을 이용한 다양한 활동을 즐기고 잘한다.

순발력이 뛰어나고 민첩하여 대부분의 운동을 잘하고 체육 교과에서 우수한 성적을

신체운동 지능이 높은 사람의 특성

• 운동을 좋아하고 잘한다.
• 실내보다는 실외에서 생활하는 것을 좋아한다.
• 몸놀림이 민첩하다.
• 손재주가 많다.
• 체육 시간을 좋아한다.
• 말로 설명할 때보다 직접 몸으로 해보게 하면 더 잘 배운다.
• 춤을 잘 춘다.
• 롤러블레이드나 자전거를 쉽게 배운다.
• 다른 사람의 행동을 잘 흉내 낸다.
• 스릴이나 위험한 행동을 즐긴다.

받는다. 실내에서 움직임이 적은 활동을 할 때보다는 실외에서 몸을 많이 움직여서 하는 활동을 할 때 더 집중을 잘하고 몸을 움직여 따라 하거나 직접 해보는 활동을 통한 학습을 좋아한다. 춤, 자전거, 롤러블레이드 등 몸을 움직여서 배우는 활동을 빨리 익히기도 한다. 손재주가 많아 만들기도 잘하고, 마술과 같이 재빠르고 섬세한 운동감각을 요구하는 활동도 잘한다.

신체운동 지능이 높은 아이는 운동선수, 모델, 무용가, 군인, 치어리더, 운동 트레이너, 스포츠 강사, 경찰, 스포츠 기자, 액션 연기자, 마술사, 스포츠 마사지 전문가 등의 직업을 선호한다.

음악 지능

음악 지능은 소리, 리듬, 박자, 멜로디 등을 민감하게 감지하고 활용하는 능력이다. 음악 지능이 높은 아이는 다양한 소리를 변별할 수 있고 미세한 변화도 감지할 수 있다. 그래서 정확한 음을 찾아 더 아름다운 소리를 만들어내는 것을 잘한다. 노래를 잘 부를 뿐만 아니라 피아노나 바이올린 같은 악기를 쉽게 빨리 배우고 악보도 잘 읽는다.

또한 청음이 발달하여 다른 사람이 만들어내는 소리도 잘 구분하고 자연이 만들어내는 소리에도 민감하다. 그래서 음악을 감상하거나 평가하는 일을 잘하고 한두 번 들은 소리도 정확히 기억할 수 있다. 음악을 활용하여 마음을 안정시키거나 집중을 유도하는 활동을 할 수 있고, 암기를 할 때도 리듬과 음을 넣어서 외우면 더 쉽게 접근할 수 있다.

아름다운 소리를 잘 만들 수 있기 때문에 피아니스트나 바이올리니스트와 같은 음악가나 가수, 작곡가, 연주가 등이 어울리는 직업이다. 이 외에도 음악치료사, 음향전문가, 음악 교사, 문화예술 기획자, 음반기획자, 음악 프로듀서 등의 직업에서도 능력을 잘 발휘할 수 있다.

음악 지능이 높은 사람의 특성

- 노래 부르는 것을 즐긴다.
- 음악을 틀어놓고 공부나 일하는 것을 좋아한다.
- 악보를 잘 읽는다.
- 한두 번 들은 음악의 멜로디를 잘 기억한다.
- 악기를 쉽게 배우고 잘 다룬다.
- 기억하고 있는 노래가 많다.
- 음악 속에 포함된 악기의 소리를 잘 구분한다.
- 노래를 잘 부른다.
- 음악에 따라 기분 변화를 많이 겪는다.
- 상황에 적합한 음악을 잘 찾아낸다.

대인관계 지능

대인관계 지능은 다른 사람의 기분이나 느낌을 잘 이해하고 배려하는 능력을 말한다. 대인관계 지능이 높은 사람은 다른 사람과 친밀한 관계를 잘 맺고 다른 사람을 편안하게 해주는 능력을 가지고 있다. 그래서 이런 사람의 주변에는 그 사람을 좋아하는 사람이 많다.

대인관계 지능이 높으면 다른 사람의 작은 표정 변화, 말의 떨림,

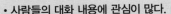

대인관계 지능이 높은 사람의 특성

- 사람들의 대화 내용에 관심이 많다.
- 혼자 하는 활동보다는 여러 사람이 함께하는 활동에 더 적극적이다.
- 사람들과 이야기하는 것을 즐긴다.
- 친구를 잘 사귀고 친구가 많다.
- 친구들 사이의 싸움을 잘 해결하고 화해시킨다.
- 다른 친구의 감정변화를 민감하게 알아차린다.
- 친구들의 고민을 잘 들어주고 조언해준다.
- 친절하고 상냥하다.
- 동정심이 많고 헌신적이다.
- 사람들이 많이 있을 때 긴장하지 않는다.

몸짓 등을 통해서 그 사람의 마음과 생각을 잘 파악하여 세심하고 민감하게 반응할 수 있다. 그래서 눈치 빠르고 센스가 있는 사람으로 통하기도 한다. 또 사람들이 원하는 것, 필요로 하는 것을 잘 파악하기 때문에 타협과 화해를 잘 이끌어낸다. 때문에 어느 집단에서건 대인관계 지능이 높은 사람은 환영받는다.

대인관계 지능이 발달한 사람 중에 외향적이고 적극적인 성격을 지닌 사람은 높은 리더십을 발휘한다. 이런 사람들은 정치인, 경영인, 각 기업의 홍보 담당자, 방송 진행자, 각종 로비스트 등의 직업이 잘 어울린다. 이 밖에도 병원이나 호텔 등의 고급 서비스 업종의 코디네이터, 영업, 외판 등의 직업에서도 성공할 확률이 높다. 반면 대인관계 지능이 발달한 사람 중 내성적인 성격을 지닌 사람은 사람의 마음을 읽고 공감해주는 심리상담자, 사회복지사, 호스피스 등의 직업이 어울린다.

자기이해 지능은 자신의 생각과 느낌, 욕구에 대한 이해가 높은 능력이다. 자기이해 지능이 높은 사람은 자신이 원하는 것, 잘하는 것, 자신을 기분 좋게 하는 것 등을 잘 알고 있다. 또 자신의 스트레스 원인, 인생의 목표 등에 대한 인식도 발달해서 자기관리 능력이 뛰어나다.

자기이해 지능이 발달한 사람은 힘들고 우울한 상황에서도 자기 자신의 감정과 욕구를 되돌아보고 자신이 원하는 휴식과 보상을 적절히 제공하여 스스로를 치유할 수 있다. 자신의 마음속에서 일어나는 작은 변화도 민감하게 감지할 수 있고, 다양한 정서 간의 차이를 변별할 수 있다. 따라서 정서를 조절하는 능력이 뛰어나다. 또 자신에 대한 성찰 능력이 높아 위기상황에서도 자신에게 가장 적합한 최선의 해결책을 찾기 쉽다.

자기이해 지능은 기본적으로 모든 사람에게 필요한 능

자기이해 지능이 높은 사람의 특성

- 자신에 대한 생각을 많이 한다.
- 일기 쓰기를 즐긴다.
- 곰곰이 생각하는 시간이 많다.
- 혼자서 하는 일을 좋아한다.
- 미래에 대한 생각을 많이 한다.
- 자신의 기분을 잘 파악한다.
- 지난날을 되돌아보며 반성하는 것을 잘한다.
- 다양한 상황에서 자신과 관련지어 생각한다.
- 자신에게 주어진 역할을 잘 이해한다.
- 자신만의 취미나 관심사가 있다.

력이지만 인간에 대한 깊은 통찰을 필요로 하는 철학자, 성직자, 심리상담자, 작가 등의 직업에 속한 사람에게 더 많이 요구된다.

요령이 아닌 역량!
핵심 인지능력 향상법

흔히 '머리가 좋다' 혹은 '똑똑하다'는 말은 '공부를 잘한다' 혹은 '학교 성적이 높다'와 같은 말로 통한다. 그리고 전통적인 의미에서 '지능이 높다'는 말 역시 '학교 시험에서 높은 점수를 받을 수 있다'와 같은 의미로 쓰인다. 그래서 아이가 학교 공부 잘하기를 바라는 많은 부모는 머리 좋은 아이를 원하고, 어릴 때부터 아이의 지능을 높이기 위한 여러 가지 노력을 한다.

그런데 엄밀히 말하면 '머리가 좋은 것'과 '시험에서 좋은 성적을 받는 것'은 같은 의미가 아니다. 머리가 좋으면 시험에서 좋은 성적을 받을 가능성이 커지는 것은 사실이지만, 머리가 좋다고 해서 모두 다 시험을 잘 보는 것도 아니고, 머리가 나쁘다고 무조건 시험을 못 보는 것도 아니다.

머리가 좋다는 것은 문제 해결의 역량이 높다는 의미이다. 다중지능의 개념이 도입되기 이전부터 현재까지 논의되고 있는 전통적인 의미의 지능은, 학교 시험은 물론이고 생활 속의 다양한 상황에서 문제의 핵심을 파악하고 해결책을 찾아나가는 데 필요한 핵심적인 인지능력을 추출해서 개념화한 것이다. 그리고 그렇게 추출된 요소들을 검사로 만들어 측정한 값으로 지능지수, 즉 IQ를 산출한다.

시험을 잘 보기 위해서는 시험에 나올 부분을 예상해서 전략적으로 공부해야 하고, 시험 응시 요령을 알고 있어야 한다. 머리가 아무리 좋아도 전략적으로 공부하지 않고 시험 응시 요령을 모르면 좋은 성적을 받기 어렵고, 머리와 상관없이 전략적으로 공부하고 요령껏 시험을 보면 시험에서 높은 점수를 받을 수 있다.

학년이 낮을수록, 문제가 쉬울수록 역량보다는 전략과 요령이 시험 성적에 더 큰 영향을 미친다. 학습지와 문제집을 통해 전략과 요령을 익힌 아이들이 문제 해결 역량이 높은 아이보다 더 높은 성적을 받을 수 있는 것이다. 하지만 학년이 올라갈수록, 문제가 어려워질수록 전략과 요령보다는 역량이 더 중요해진다. 추상적 사고력과 분석력을 요구하는 어려운 시험 문제를 풀어야 하는 상황에서는 처리할 수 있는 문제의 폭과 깊이가 큰 아이들, 문제 해결 역량이 높은 아이들이 문제집으로 훈련된 아이들보다 더 높은 점수를 받을 수 있는 것이다.

초등학교 시기에는 전략과 요령을 아는 아이가 역량이 높은 아이보다 높은 성적을 받을 가능성이 크기 때문에 부모도 아이에게 역량을 키우기보다는 전략과 요령을 익히는 공부를 시키기 쉽다. 학습지와 문제지를 반복적으로 풀게 하고, 시험 기간에는 부모가 시험에 나올 법한 문제를 뽑아줘 가며 함께 공부를 하고, 학원 수업도 반복해서 듣게 하는 것이 전략과 요령을 익히게 하는 데 도움이 된다. 그래서 초등학교 때는 이렇게 전략과 요령만 가르쳐도 어느 정도의 성적을 유지할 수 있다. 하지만 문제 해결 역량을 필요로 하는 중고등학생 시기에는 전략과 요령만으로는 부족하다.

추상적인 개념을 이해하고, 분석적으로 사고하며, 논리를 구성하는 능력이 부족한 상태에서는 높은 정보처리 능력을 발휘할 수 없기 때문에 교과 내용을 체계적으로 학습하지 못하고 당연히 높은 시험 성적은 기대할 수 없게 된다. 이런 경우 대부분의 부모는 더 많은 학습지와 문제집, 학원에 의존하며 또다시 전략과 요령만을 가르치려 하기 쉽다. 밑 빠진 독에 물을 붓는 줄 알면서도 그 물마저 붓지 않으면 독이 마를 것이 걱정되어 계속해서 물을 붓게 되는 격이다.

초등학교 때 잠깐 공부 잘하는 아이가 아니라, 중고등학교, 대학교에 가서 더 공부 잘하는 아이를 만들기 위해서는 유아기와 아동기에 전략과 요령보다는 역량을 키우는 데 주력해야 한다. 전략과 요령은 역량을 키워놓은 후에 가르쳐도 늦지 않다.

언어 이해 능력, 시공간 지각 능력, 논리 추론 능력, 작업 기억 능력, 처리 속도 등은 전통적인 지능이론에서 가장 핵심으로 간주하는 인지능력이고, 지능검사에서도 이런 능력들을 측정한다. 그러니 IQ가 높다는 것은 이런 능력들이 높다는 것을 의미하는 것이고, 이런 능력들은 학습은 물론 생활 전반에 폭넓은 영향을 미치는 핵심 역량이라 할 수 있다.

다중지능이론과 마찬가지로 전통적인 지능이론에서도 이런 능력들이 어느 정도는 유전에 의해 선천적으로 타고난다고 주장한다. 동시에 환경적 자극과 후천적 노력의 영향도 강조한다. 어려서부터 이런 핵심 역량을 키우는 데 도움이 되는 자극을 충분히 제공하고, 계속적으로 노력하도록 독려할 수 있다면, 우리 아이의 핵심 역량도 안정적으로 성장할 수 있다.

언어 이해 능력

대부분의 지식은 말과 글로 전달된다. 사람에게 배우건, 책을 읽건, 다큐멘터리를 보건 말과 글을 이해하지 못하면 내용을 파악할 수 없다. 그래서 말과 글을 이해하는 능력, 즉 언어 이해 능력은 학습에서 가장 중요한 능력 중 하나이다.

언어를 이해하는 능력은 사고 과정에도 많은 영향을 미친다. 추상적 사고를 하기 위해서는 추상적 언어를 이해할 수 있어야 하기 때문이다. 구체적인 사물은 알고 있지만 그것을 추상적인 언어로 설명할 수 없는 사람은 추상적 사고를 하기 어렵다. 자전거가 어떻게 생겼는지 알고 있고 자전거를 탈 수는 있어도, 자전거의 사전적 정의를 물었을 때 '다리로 페달을 밟아 바퀴를 돌림으로써 움직이게 하는 이동수단'이라고 대답하지 못하는 사람은 추상적 사고 능력이 부족하다.

추상적 언어를 이해하는 능력이 부족한 사람은 사과 그림을 보며 숫자 개념을 익히는 것과 같이 구체적 사물이 있는 상태에서 그것을 근거로 논리를 만드는 것은 할 수 있지만, 구체적 사물이 없는 상태에서 머릿속으로만 가설을 만들고 그것이 옳은지 그른지를 검토하는 가설 연역적 사고를 하기 힘들어한다. 그래서 언어 이해 능력이 부족한 아이는 학년이 올라갈수록 교과 내용 이해를 어려워하고 학습에 대한 흥미를 쉽게 잃는다.

언어 이해 능력을 높이는 가장 좋은 방법은 책 읽기이다. 책을 통해 어휘력과 독해력은 물론 사고력도 발달하게 된다. 다중지능이론 부분에서도 언급했듯이, 언어 지능은 타고나는 부분도 있지만 어려서부터 책을 많이 접해온 아이들에게서 높게 발달한다. 자신의 언어로 의사소통을 하기 전부터 부모가 소리 내어 책을 읽어주다 보면, 언어에 대한 감각이 생기고 언어 이해 능력이 높아진다. 어릴 때는 책을 많이 읽어주던 부모들도 아이가 글을 어느 정도 읽게 되면 스스로 읽게 하기 위해 책을 안 읽어주는 경우가 많은데, 선천적으로 언어 지능이 발달한 아이가 아니라면, 부모가 책을 안 읽어주는 시점부터 아이들도 책에 대한 흥미를 잃기 쉽다.

아이가 책을 읽어 달라고 요구하면 함께 읽어주고, 아이에게 책 읽기를 시킨 후 부모는 TV나 집안일을 하기보다는 옆에 앉아서 부모 역시 책 읽는 모습을 보여주는 것이 좋다. 또 아이가 관심 보일

만한 책을 미리 읽어본 후에 관련된 이야기를 꺼내면 아이도 자연히 책을 손에 잡게 된다. 1~2주에 한 번은 서점이나 어린이 도서관에 가서 읽고 싶은 책을 고르도록 하는 것도 책을 좋아하게 만드는 습관이다.

책은 형식이나 분야를 가리지 않고 골고루 읽히는 것이 좋지만, 학교 공부에 더 잘 집중하게 하기 위해서는 교과 내용과 연결되는 책을 읽게 하는 것이 좋다. 책을 통해 배경지식을 습득한 후에 수업을 들으면 수업 내용을 더 입체적으로 이해할 수 있고 집중도 더 잘할 수 있기 때문이다. 예를 들어 국어는 교과서에 부분적으로만 글이 실린 경우 전문이 담긴 책을 읽게 하고, 전문이 실린 경우 같은 작가의 다른 작품을 읽어보게 할 수도 있다.

수학의 경우 교과서 내용을 쉽게 풀어놓은 학습 만화나 수학자의 전기, 수학 원리를 이용한 게임 등을 포함한 책이 좋다. 단순히 문제만 푸는 것이 아니라 수학적 사고를 할 수 있게 도와주는 책을 선택하는 것이 도움이 된다.

사회와 과학은 관련 도서를 통해 얻는 배경지식이 특히 더 필요한 과목이다. 사회의 역사 부분은 한국사와 세계사를 쉽게 풀어놓은 책을 여러 번 반복해서 읽도록 해서 역사적 흐름을 꿰뚫도록 해야 하고, 지리 부분은 해당 지역 관련 정보를 사진이나 그림과 함께 제공하는 책을 읽히는 것이 좋다. 북한에 대해 배울 때는 북한의 문화나 기후, 음식에 관한 책을 읽게 할 수도 있고, 지금처럼 국토가 나뉘어져 있었던 삼국시대의 역사를 담은 책을 읽게 할 수도 있다.

과학의 생물 부분은 동물도감, 식물도감을 통해 실제 동식물의 생김새와 생태적 특성을 살펴보는 습관을 들이고 지구과학, 물리, 화학 파트는 과학 원리를 쉽게 풀어놓은 책을 추천해주면 된다. 과학자의 전기를 담은 위인전도 좋다.

교과서 진도에 맞지 않더라도 아이가 흥미 있어 하는 책이라면 굳이 내용이나 형식을 제한할 필요는 없다. 시험이 다가오는데도 문제집은 풀지 않고 책만 읽는 것이 못마땅할 수 있지만, 문제집 한 권 더 풀리는 것보다 책 한 권 더 읽히는 것이 낫다. 책을 통해 사고의 역량을 키워놓으면 문제 푸는 기술은 언제라도 쉽게 익힐 수 있기 때문이다.

교과 성적이 80점 이상 유지된다면, 전략과 요령을 익히기 위해 문제집을 풀리기보다는 역량을 키울 수 있는 책 읽기를 권장하고 싶다. 아이가 잘 봐야 하는 시험, 즉 대학 입학시험은 초등학교 때 몇 권의 문제집을 풀었느냐가 아니라 몇 권의 책을 읽었느냐의 영향을 더 많이 받기 때문이다.

Tip 책을 너무 많이 읽어 문제가 되는 아이

책을 너무 붙들고 있어서 문제가 되는 아이들은 크게 두 부류이다. 하나는 해야 할 기본적인 것들, 예를 들어 밥 먹기, 잠자기, 씻기, 학교 숙제 등을 미루거나 건너뛰면서까지 책을 읽는 아이이고, 다른 하나는 사람들과 자연스럽게 정서적 교류를 하는 것이 부담스러워서 책으로 도망가는 아이이다.

첫째 경우는 기본 생활 습관과 관련되는 부분이기 때문에 책보다 기본 생활 습관이 더 중요하다는 것이 강조되어야 한다. 어쩌다 한 번 책에 너무 깊게 빠져들어서 잠자는 것도 미뤄가며 책을 계속 읽겠다고 하는 것은 눈감아줄 수 있지만 이것이 반복되어 습관이 되게 내버려두면 안 된다. 책을 그만 읽게 해야 할 때는 단호한 태도로 이유를 설명해야 한다.

"책을 계속 읽고 싶은 네 마음은 알겠는데, 지금은 밥을 먹어야 하는 시간이야. 밥부터 먹지 않으면 책을 빼앗을 수밖에 없어."

"그 책 다 읽고 숙제하려면 시간이 너무 늦어질 것 같지 않니? 숙제를 먼저 해놓고 책을 읽으면 좋겠다. 그 책 어느 부분까지 읽고 숙제를 시작할 건지 표시해놓고 거기까지만 읽자!"

"지금은 잠을 자야 하는 시간이야. 지금 잠을 안 자면 내일 아침을 힘들게 시작해야 하고 네 건강도 나빠질 게 걱정돼. 20분 안에 책을 덮고 불도 <u>끄</u>도록 하자."

이렇게 말한 후에는 약속한 부분이나 시간이 지날 때까지 기다려주는 것이 좋다. 읽던 챕터만 마저 읽거나 20분 내에 궁금한 뒷부분을 먼저 읽거나 하는 정도의 여유를 주는 것이다. 하지만 약속한 시간이 지난 후에도 계속해서 "조금만 더" 책을 읽겠다고 하면 이때는 단호하게 책을 빼앗는 행동을 해야 한다. 그래야 올바른 생활 습관과 책 읽기 습관을 만들어줄 수 있다. 하지만 먹고, 자고, 씻고 하는 기본 생활과 학교 숙제와 같은 꼭 해야 하는 공부가 아니라면 책에 빠져 있는 아이를 방해하지 않는 게 좋다.

둘째 경우는 아이의 사회성 발달에 문제가 있는 것은 아닌지 확인해볼 필요가 있다. 자신이나 타인의 감정을 이해하고 교류하는 능력이 부족하여 친구 사귀는 것을 힘들어하는 아이들 중에는 어디 가든 책을 가지고 다니며, 사람들과 인사하고 이야기 나누어야 할 상황에서 책에 코를 박고 고개를 들지 않는 아이들이 있다.

책이 정말 좋아서라기보다는 사람과 교류하는 것이 싫어서 책으로 도망을 가는 것이다. 이런 아이들은 책을 통해 얻은 많은 지식 덕분에 선생님이나 친구들에게 똑똑한 아이로 간주되고 자기 자신도 그런 평가를 은근 즐기기도 하지만, 사람들과의 교류를 통해 자연스럽게 길러야 하는 사회성 발달이 지체될 수 있다.

부모들도 "아이가 워낙 책을 좋아해서요" 하며 대수롭지 않게 여기지만, 이런 아이들에게는 책 읽는 것을 칭찬하고 격려하는 것이 오히려 해가 될 수 있다. 책보다는 체험을 통해 더 많은 지식을 얻도록 하고 그 과정에서 사람들과 자연스럽게 교류할 수 있게 도와주는 것이 좋다. 또 평소 감정과 관련된 이야기를 자주 나누어서 아이가 자신의 감정을 인식하고 표현하는 능력을 키워주는 것도 도움이 된다. 책을 고를 때도 과학적 지식이나 역사적 사실만을 다루는 책보다는 다양한 인물 간의 갈등과 화해가 소재가 되는 동화, 수필, 소설과 같은 책을 고르도록 하는 것이 좋다.

시공간 지각 능력

시공간 지각 능력은 입체적인 시각 자극을 처리하는 능력을 말한다. 시공간 지각 능력이 높으면 사물의 색깔, 모양, 형태 등을 잘 기억하고 입체적이고 공간적인 정보를 빠르게 이해하고 분석할 수 있어, 기계 조작을 잘하고 입체적인 사물을 잘 다룰 수 있다. 또 수학의 도형 영역을 쉽게 습득하고, 만들기나 조립 활동을 잘하고 즐긴다. 시공간 지각 능력 역시 선천적으로 더 잘 습득하는 사람이 있지만, 성장 과정의 경험에서 영향을 많이 받는다.

삼각형, 사각형, 원 등의 도형을 도구로 하여 입체적인 사물을 만드는 블록 놀이는 시공간 지각 능력을 높이는 데 많은 도움이 된다. 레고, 가베, 맥포머스, 몰펀 등 시중에는 시공간 지각 능력을 높이는 데 도움이 되는 다양한 교구들이 나와 있는데 어떤 교구를 사용하든 자유롭게 가지고 놀면서 다양한 형태의 사물을 만들어보도록 하는 것이 좋다.

지능검사에서 시공간 지각 능력이 낮게 나오는 경우, 이런 종류의 블록 놀이 활동을 자녀와 함께 할 것을 부모에게 권하기도 하는데 의외로 이미 오랜 기간 이런 교육을 받아왔다는 대답을 들을 때가 많다. 대부분은 유치원이나 문화센터 같은 기관이나 가정 방문을 통해 놀이식 교육을 받은 경우인데, 이런 교육이 시공간 지각 능력 발달에 별 도움이 안 된 것에는 여러 가지 이유가 있는 것 같다.

첫째는 너무 많은 인원을 대상으로 교육하는 시스템 속에서 교육을 받았기 때문일 수 있다. 공간 지능이 높은 아이의 경우, 블록 놀이를 즐기고 적극적으로 배우기 때문에 몇 명이 함께 교육을 받건 교육의 효과를 볼 수 있지만, 선천적으로 공간 지능이 낮아 블록 놀이를 좋아하지 않는 아이라면 많은 수의 아이를 대상으로 하는 교육에서 소외되어 적절한 학습이 이루어지지 않을 수 있다. 이 경우에는 외부 기관에만 의존하지 말고 부모가 집에서 함께 블록 놀이를 해주면서 입체적인 자극에 대한 흥미를 유도할 필요가 있다.

둘째는 블록 놀이 이외에도 너무 많은 학습 활동을 하다 보니, 일주일에 30~40분으로 한정되어 있는 교육 시간 말고는 블록 놀이를 할 기회가 없었기 때문일 수 있다. 블록 놀이는 오랜 시간 앉아서 생각하며 조작해야 하는 활동이기 때문에 놀이를 시작하려면 여유

맥포머스   가베   몰펀

소마큐브   칠교놀이

있는 시간을 확보해야 하는데 영어, 수학은 물론 논술, 음악, 미술, 체육까지 다양한 학원을 다니며 한꺼번에 많은 것을 배우는 아이들은 선생님이 함께 놀아주는 한정된 시간 외에는 혼자서 블록 놀이를 잘 안 하게 된다. 이 경우에는 아이에게 더 우선적으로 키워주거나 꼭 심어주어야 할 능력을 선별해서 학원을 조정할 필요가 있다. 그래야 아이가 여유 있게 블록 놀이 할 시간을 확보할 수 있기 때문이다. 시공간 능력 역시 선천적으로 재능을 타고난 경우가 아니라면 부모가 생활 속에서 자연스럽게 입체적 자극을 접할 수 있게 유도하면서 놀이처럼 인식하도록 도와야 한다.

블록 놀이 이외에도 소마큐브, 칠교놀이, 로봇을 포함한 다양한 조립 활동, 만들기, 퍼즐 맞추기, 미로 찾기, 종이접기 등도 시공간 지각 능력을 높이는 데 도움이 된다.

논리 추론 능력

논리 추론 능력은 다중지능의 논리수학 지능이 높은 사람에게서 발휘되는 능력이다. 논리 추론 능력이 높은 사람은 논리적이고 체계적인 사고를 통한 문제 해결을 잘한다. 논리 추론 능력은 사고력을 요구하는 모든 학습 장면에서 요구되지만 특히 수학과 같은 높은 사고력을 필요로 하는 과목에서 많이 요구된다. 또 초·중등 영재교육원 대상자 선발 시험, 대학수학능력시험, 로스쿨 입학을 위한 법학적성 검사, 대기업 입사를 위한 인적성 검사에서도 논리 추론 능력을 측정하는 문제를 많이 포함한다.

논리수학 지능을 길러주려면 언어와 사고가 폭발적으로 발달하면서 '어떻게?', '왜?'라는 질문을 쏟아내는 시기에 아이의 질문에 친절하게 답해주고, 함께 궁금증을 풀기 위해 노력하는 모습을 보여주는 것이 필요하다. 부모의 설명을 들으며 머릿속으로 나름의 논리를 구성하고, 부모와 함께 책이나 인터넷 등을 찾으며 문제를 해결해본 경험이 있는 아이들은 논리 추론 능력의 기초를 다질 수 있을 뿐만 아니라 혼자 문제를 해결해야 하는 상황에서 더 적극적으로 사고할 수 있다.

아인슈타인 이후의 최고 물리학자라고 불리는 리처드 파인먼 Richard Feynman은 미국 우주왕복선 챌린저호의 폭파 원인을 밝혀 노벨 물리학상을 수상했다. 파인먼의 아버지는 평범한 회사원이었지만 과학을 좋아해서 파인먼이 태어나기 전부터 아이가 과학자가 되기를 원했다고 한다. 하지만 파인먼의 아버지는 아들에게 단 한 번도 과학자가 되라고 이야기한 적이 없었다. 대신 그는 주말마다 파인먼을 데리고 산책을 하면서 아이의 사고가 커나갈 수 있도록 자극을 주었다.

"저 새는 휘파람새야. 하지만 우리가 새의 이름을 안다고 해서 저 새에 대해 다 안다고는 할 수 없단다. 새의 이름을 아는 것은 사람들이 저 새를 뭐라고 부르는지를 아는 것뿐이거든", "우리는 지금 숲에 대해 살펴봤지만 우리가 본 건 절반에 불과해. 모든 것이 자라기만 한다면 숲이 계속 커져야 하잖아. 실제로 숲에는 자라는 것이 있는 것처럼 사라지는 것도 있단다"라고 말하며 썩은 나무의 그루터기를 발로 차 부러뜨려서 그 안에서 벌레와 박테리아가 나무를 분해하는 과정을 살펴보게 했다. 이런 과정을 통해 파인먼은 사물의 원리 및 이면의 과정에 관심을 갖게 됐고 훌륭한 과학자로 성장할 수 있었다.

또 논리 추론 능력을 높이기 위해서는 주어진 하나의 답만을 찾는 것을 강조하지 않아야 한다. 빠르게 정답을 찾아내는 것보다는 한 문제를 풀더라도 오랜 시간 숙고해서 왜 그런 답이 나왔는지 그 과정을 이해하고 설명할 수 있어야 추론 능력을 기를 수 있다. 학원이나 과외에 의존해서 많은 유형의 문제를 접한 아이라 하더라도 오랜 시간 혼자 생각해서 해답을 찾는 과정을 거치지 않은 아이는 논리 추론 능력이 높지 않다. 이런 아이들은 일시적으로 수학 성적이 잘 나올 수 있고 진도를 앞서 갈 수는 있지만, 문제 풀이 실력이 크게 향상되지 않고, 곤란도가 높은 문제를 만나면 금방 포기하는 모습을 보인다.

논리 추론 능력은 언어 발달 수준이 높을수록 발달하기 때문에 독서량을 늘리는 것도 필요하다. 언어 이해 능력 파트에서 언급했던 것처럼 눈앞의 작은 시험에서 높은 점수를 받게 하기 위해 학원 보내고 문제집만 풀게 하는 것보다는 멀리 보는 안목으로 다양한 영역의 독서를 권장하면 사고력과 논리력을 키울 수 있다. 다빈치 코드Davinci Code, 러시아워Rush Hour, 클레버 캐슬Clever Castle, 루미큐브Rummikube, 주 로직Zoo Logic 같은 보드게임이나 바둑, 체스, 스도쿠 같은 놀이도 논리 추론 능력을 높이는 데 도움이 된다.

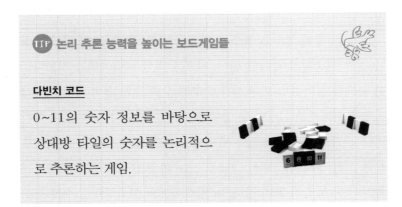

TIP 논리 추론 능력을 높이는 보드게임들

다빈치 코드
0~11의 숫자 정보를 바탕으로 상대방 타일의 숫자를 논리적으로 추론하는 게임.

러시아워

꽉 막힌 도로에 주차되어 있는 차들을 순차적으로 움직여 주인공 차를 빼내는 게임.

클레버 캐슬

주어진 단서들을 조합하여 성에 초대된 빨간색, 파란색, 노란색의 공주, 용, 기사의 자리를 배치하는 게임.

루미큐브

1~13의 빨강, 파랑, 주황, 검정색 타일을 규칙에 맞게 배열하는 게임.

주 로직

개, 쥐, 고양이 등의 동물과 뼈다귀, 치즈, 생선을 주어진 조건에 맞게 배치하는 게임.

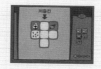

작업 기억 능력과 처리 속도

작업 기억은 눈, 귀, 코 등의 감각기관을 통해 접한 정보를 장기 기억으로 보내기 위해 머릿속에 잠깐 동안 저장하는 능력을 말하고, 처리 속도는 간단한 시각적 정보를 빠르고 정확하게 탐색하고 변별하는 능력을 말한다. 작업 기억과 처리 속도는 언어 이해 능력, 시공간 지각 능력, 논리 추론 능력과 같은 인지능력이 보다 적절히 발휘될 수 있게 도와주는 역할을 한다.

작업 기억 능력과 처리 속도가 높으면 집중력 역시 향상되기 때문에 다른 인지능력이 다소 부족해도 많은 정보를 한꺼번에 처리할 수 있다. 행동적으로도 기민하게 반응하기 때문에 낯선 상황에서 높은 적응 능력을 발휘한다. 또 오랜 시간 고민하고 해결책을 찾는 상황보다는 즉각적으로 판단하고 대응해야 하는 상황에서 더 유능하기 때문에 빠릿빠릿하고 야무지다는 평가를 받기 쉽다.

반대로 언어 이해 능력, 시공간 지각 능력, 논리 추론 능력과 같은 다른 인지능력이 높아도 작업 기억 능력과 처리 속도가 낮으면 실제 자신이 가지고 있는 능력보다 낮은 평가를 받기 쉽다. 작업 기억 능력과 처리 속도가 낮은 사람은 충분한 시간을 주면서 논리적으로 생각을 정리하고 언어적으로 표현할 수 있게 기다려주는 학습 상황에서는 유능함을 발휘할 수 있지만, 짧은 시간 내에 빠르게 기능을 익히고 실생활에 적용해야 하는 학습 상황에서는 말귀를 잘 못 알아듣고 느리게 배우는 답답한 사람이라는 인상을 주기 쉽다.

수업 장면에서는 작업 기억 능력과 처리 속도가 높은 학생의 경우, 교사가 새로운 내용을 설명하는 동안 그 내용을 머릿속에 잠깐 저장하면서 얼른 눈으로 교과서의 해당 부분을 찾아 밑줄을 긋거나 필기를 할 수 있기 때문에 핵심적인 내용을 잘 파악할 수 있다. 또 단순한 시청각 정보를 빠르게 처리할 수 있기 때문에 보다 높은 인지능력, 즉 이해력, 독해력, 문제 해결력 등을 수월하게 발휘하여 보다 많은 내용을 자기 것으로 만들 수 있게 된다.

그래서 이런 아이들은 수업 시간에 높은 집중력을 발휘할 수 있고 수업 시간 외에 별도로 많은 시간 공부를 하지 않고도 노력에 비해 성적이 잘 나오는 경우가 많다. 반면 작업 기억 능력과 처리 속도가 낮은 학생은 수업의 흐름을 자주 놓치고, 교사가 강조하는 핵심적인 내용을 교과서에 표시하거나 필기하는 활동을 빠르게 할 수 없기 때문에 수업이 끝난 후 많은 시간을 따로 들여 공부해야만 높은 성적을 받을 수 있다.

작업 기억을 높이기 위해서는 Tip으로 제시되는 놀이를 일상생활 중에 자주 하는 것이 좋다. 놀이를 통해 자연스럽게 보거나 들은 정보를 기억하는 능력을 높여줄 수 있기 때문이다.

처리 속도를 높이기 위해서는 자동적으로 처리할 수 있는 정보의 용량을 늘려야 한다. 글을 막힘없이 빠르게 읽거나 글씨를 빠르게 쓰는 것, 사칙연산을 수월하게 하는 것은 모두 단순한 시청각 정보를 빠르고 정확하게, 자동적으로 처리하는 능력을 높일 수 있다. 그러니 처리 속도가 특히 늦은 아이는 매일 일정 분량의 책을 소리 내어 읽고 옮겨 쓰는 연습을 하고, 구구단 암기를 포함하여 사칙연산을 보다 빠르고 정확하게 할 수 있게 반복적으로 훈련시키는 것이 필요하다. 또 소근육 발달이 더딘 경우 손 움직임이 빠르지 못해 처리 속도가 늦어지기 때문에 소근육 발달을 돕기 위해 찰흙, 클레이, 밀가루 등을 손으로 만지며 노는 놀이를 많이 해주는 것도 도움이 된다.

Tip 작업 기억 능력을 높이는 놀이

➜작업 기억 능력을 높이기 위한 보다 다양한 놀이는
《아이의 집중력, 부모에게 달려 있다: 실전 워크북》에서 만나실 수 있습니다.

1. 전자계산기 놀이

불러주는 숫자를 전자계산기에 입력하여 답을 찾는 놀이. 아이에게 전자계산기를 주고, 부모나 교사가 불러주는 숫자와 연산을 입력해서 계산하도록 한다. 아이의 연령과 능력을 고려해서 문제의 길이와 불러주는 속도를 조정하는 것이 좋다. 부모나 교사는 답을 알고 있는 상태여야 하므로 미리 문제를 만들고 답도 계산해두어야 한다.

예) 356 + 479 + 571 − 567 + 9 − 238 = 610

6312 − 449 + 241 − 3570 + 659 − 238 + 539 = 3494

2. 단어 거꾸로 말하기 놀이

2~5개 음절의 단어를 듣고 거꾸로 말하는 놀이. 아이와 번갈아 가면서 하나씩 단어를 제시하고 거꾸로 말하도록 하면 된다. 꽃 이름, 나라 이름 등으로 단어를 제한해도 되고, 영역은 제한하지 않되 4음절 단어, 5음절 이하 단어 등으로 규칙을 만들어도 된다. 어린아이의 경우 2음절부터 시작할 수 있지만 최소 4음절 이상의 단어로 연습해야 작업 기억 능력을 높이는 데 도움을 얻을 수 있다.

예) 맨드라미 → 미라드맨 / 인도네시아 → 아시네도인 / 안토시아닌 → 닌아시토안

3. 서술형 수학 문제 암산하기

사칙연산이 포함되어 있는 산수 문제를 종이와 연필 없이 암산으로 풀기. 놀이보다는 학습이라는 느낌이 강하게 들기 때문에 아이들이 싫어할 수 있지만, 작업 기억 능력을 높이는 데 많은 도움이 되는 활동이다. 수리 능력이 아니라 작업 기억 능력을 높이기 위한 활동이므로 현재 배우는 수학 내용보다 훨씬 쉬운, 간단한 사칙연산만을 포함하는 문제를 내는 것이 좋다.

예) 지훈이는 연필 24개를 가지고 있는데 그중 13개는 지우개가 달려 있는 것입니다. 그럼 지훈이가 가지고 있는 연필 중 지우개가 달려 있지 않은 연필은 몇 개일까요?

4. 동요 거꾸로 부르기 놀이

노래 가사를 거꾸로 바꾸어 부르는 놀이. 어릴 때 장난처럼 많이 했던 놀이인데, 가사를 바꿔 부르기 위해 머릿속으로 가사를 떠올려 보는 과정에서 작업 기억 능력이 향상된다. 아이에게 익숙한 동요를 선택하되, 가사를 종이에 써서 바꾸는 것보다는 머릿속으로 가사를 떠올려서 바꾸도록 해야 효과적이다.

예) 산토끼 토끼야 어디를 가느냐 → 끼토산 야끼토 를디어 냐느가

사례별
학습 지도법

여러 번 설명한 것도 잘 기억하지 못하는 아이

연수가 자신 없는 목소리로 "몰라, 기억 안 나요" 하면서 엄마의 시선을 피한다. "어휴! 속 터져. 이게 왜 기억이 안 나. 엊그제 엄마가 분명히 설명해줬잖아. 실컷 설명할 때는 뭘 듣고 기억이 안 난다고 해!" 비단 연수 엄마뿐만 아니라 많은 엄마들이 이런 상황에서 화를 참지 못하고 소리를 지르게 된다. 이런 경우 부모들은 '도대체 우리 아이 뇌가 잘못된 건 아닌가? 왜 이렇게 기억력이 낮은 걸까?' 하며 걱정하고 궁금해한다.

독일 심리학자 에빙하우스Hermann EbbingHaus의 연구에 의하면

공부를 한 뒤에 20분이 지나면 42퍼센트의 내용이 잊히고, 한 시간이 지나면 56퍼센트가 뇌에서 사라진다고 한다. 그리고 하루가 지나면 66퍼센트가 사라져 34퍼센트만 남는다고 한다.

그런데 에빙하우스의 연구는 아무 의미가 없는 철자를 암기할 때의 상황에서 연구한 것이므로 실제로 예전에 접해본 경험이 있거나 평소 관심이 있는 것을 공부할 경우에는 더 많이 기억할 수 있다. 에빙하우스의 실험에서도 제시된 철자들이 어떤 관련성을 가지고 있거나 규칙이 있는 경우에는 그것을 기억하는 확률이 훨씬 높았다.

분명 어젯밤에 가르쳐준 것을 아이가 기억하지 못하는 것은 당연하다. 이미 익숙한 것, 예전에 알던 것과 유사한 것, 의미나 규칙을 이해한 것은 기억을 잘하는데 성인인 부모는 아이에 비해 익숙한 것, 아는 것, 이해하는 것이 훨씬 많다. 하지만 아이에게는 그것들이 완전히 새로운 것이거나 낯선 것이다. 그래서 부모는 쉽게 이해되고 외워지는 것도 아이에게는 무의미한 철자처럼 입력되기가 쉽다.

아이의 기억력을 높이려면 공부할 때 이미 알고 있는 것과 연결시켜서 생각하도록 하는 게 효과적이다. 무조건 암기하는 것이 아니라 익숙한 것과 연관 지어 생각하도록 하는 것이다. 특히 사회나 과학 공부를 힘들어하는 아이들에게는 생활 속에서 접하는 다양한 경험을 교과와 연결시켜 생각하는 습관을 길러주면 효과적이다.

또한 아이의 기억력을 높이기 위해서는 3장에서 설명하는 5단계 생각법 가운데 4단계인 '끝낸 후 점검'을 항상 실행하는 습관을 길러주는 것이 효과적이다. 과제를 끝낸 뒤에 바로 책이나 노트를 덮지 말고 다시 한 번 점검을 하면 그 내용을 반복할 수 있기 때문에 기억하는 게 많아진다. 에빙하우스의 실험에서도 확인할 수 있듯이 공부를 마치고 20분이 지나면 절반에 가까운 내용을 잊어버리는데, 책을 덮기 전에 공부한 내용을 다시 한 번 확인하면서 기억을 되살릴 경우에는 사라지려고 하는 내용을 더 많이 붙잡을 수 있다.

완전히 잊어버린 것을 다시 공부하는 데 걸리는 시간보다 조금이라도 남아 있을 때 다시 공부하는 편이 더 효과적이고 공부에 걸리는 시간도 훨씬 짧다. 아이의 기억력을 높이려면 아이에게 책을 덮기 전에 반드시 실수한 것이나 빠트린 것이 없는지 다시 한 번 점검하고 공부한 내용을 요약해보는 습관을 갖게 해야 한다.

쉬운 문제에서 실수가 잦은 아이

아이가 잘할 수 있는 것도 덤벙대거나 건성으로 해서 실수를 하는 것은 분명 집중력과 관련이 있다. 이런 경우 아이에게 문제를 다 풀게 한 다음 다시 한 번 점검하는 습관을 길러주면 좋다. 문제 푸는 일이 끝나면 바로 책을 덮고 일어나는 것이 아니라 실수한 것이 없는지, 빠뜨린 것이 없는지 꼭 확인한 다음에 책을 덮도록 하는 것이다(이 또한 3장에서 설명하는 5단계 생각법 가운데 4단계와 관련된다).

하지만 아이가 너무 쉽거나 단순한 과제를 할 때도 실수가 잦으면 그것은 꼭 집중력이 낮아서 그런 것이 아닐 수 있다. 아이가 이미 여러 번 반복해서 학습을 했고 충분히 그것을 잘할 수 있는 상황이라면 집중력은 당연히 떨어지게 마련이다. 더 이상 호기심과 성취욕이 채워지지 못하기 때문이다. 이런 경우에는 오히려 더 많이 반복할수록 더 많은 실수를 하게 된다.

아이가 반복되는 과제에서 자주 실수를 할 때는, 그것을 못해서 그러는지 아니면 잘할 수 있는데도 그러는지 먼저 확인해야 한다. 아직 개념이나 원리를 잘 이해하지 못해서 실수가 나타난다면 당연히 좀 더 교육을 해야 한다. 이때는 반복 학습이 필요하다. 문제를 소리 내서 읽도록 하고, 짧은 단위로 끊어서 읽으면서 문제 파악을 하도록 연습시키는 것이 좋다.

하지만 이미 개념과 원리를 파악했다면 단순한 연산 문제 풀기를 반복하는 것은 좋지 않다. 시중에는 똑같은 유형의 계산을 반복적으로 풀도록 만들어놓은 문제집이 많다. 하지만 그런 유형의 문제집은 집중력 발달에 별 도움이 되지 않는다. 지능이 높은 아이들에게는 오히려 해가 될 수도 있다.

수학을 공부하는 이유는 논리적이고 체계적인 사고를 하기 위해서이다. 단순한 계산은 사람의 머리보다 훨씬 정확하고 빨리 계산하는 기계가 더 잘할 수 있다. 아이에게 인내력을 가르치는 게 목적이 아니라면 그런 반복되는 문제를 끝도 없이 풀도록 하는 것은 그만두기 바란다. 반복되는 단순한 문제를 풀면서 아이는 수학은 지겨운 것, 재미없는 것으로 인식하고 점점 더 수학을 싫어하게 된다.

토머스 에디슨Thomas Edison이나 알베르트 아인슈타인Albert Einstein 같은 유명한 과학자도 단순한 수학 계산을 좋아하지 않았다. 그리고 잘하지도 못했다. 지금 당장 두 자릿수 덧셈에서 만점을 받는 것보다 수학적 사고를 키워주는 것이 훨씬 값진 일이다. 이미 잘 알고 있는 것이라면 과감하게 "그만!" 하고 외칠 수 있어야 한다. 그 대신 아이가 생각하는 힘을 키울 수 있도록 적당히 어려운 문제를 아이에게 던지고 충분한 시간 동안 기다려줄 수 있는 인내가 필요하다.

한 번에 빨리 못하는 아이

부모들은 아이들이 공부하는 모습을 지켜보며 답답하다고 느낀다. "왜 빨리 생각해내지 못하고 멍하니 있니?", "왜 한꺼번에 재빨리 하지 못하고 굼뜨게 움직이니?" 잔소리를 하기 쉽다.

미국 미네소타대학 교수인 모니카 루시아나Monica Luciana는 아이들이 목욕을 하면서 동시에 이를 닦지 못하거나 국어 시간에 배운 것을 사회 시간에 활용하지 못하는 이유를 뇌 발달과 관련지어 설명했다. 뇌의 다중 작업, 즉 여러 가지 활동을 동시에 처리하는 능력을 담당하는 부위인 전두엽이 청소년기 후반까지 서서히 발달하기 때문에 성인이 되기 전까지는 동시에 여러 가지 일을 한꺼번에 처리하는 게 힘들다고 한다. 이는 전두엽 발달이 더 적게 이루어진 어린아이일수록 더더욱 그렇다.

아이의 뇌 무게는 성인 뇌 무게의 4분의 1밖에 되지 않는다. 사람의 뇌는 완성된 채로 태어나는 것이 아니라 성장하면서 서서히 발달한다. 처음에는 뇌의 기본적인 골격과 회로만 만들어져 있는 상태지만 다양한 자극과 경험을 통해 보다 정교한 회로를 만든다. 하지만 각기 다른 기능을 담당하는 뇌의 각 부위가 동시에 같은 속도로 발달하지는 않는다. 어떤 부위는 일찍 발달하기 시작하여 빨리 발달을 멈추고 어떤 부위는 늦게 발달하기 시작하여 서서히 발달을 멈춘다.

집중력과 사고력을 담당하는 뇌의 전두엽은 모니카 루시아나의 연구에서 알 수 있듯이 서서히 발달하는 부위이다. 때문에 아이가 여러 가지 정보를 동시에 처리해서 문제 해결에 이르거나 고난도의 전략적 사고를 할 수 없는 것은 너무나 당연하다. 그러므로 부모는 아이의 이런 어설픔을 당연하게 받아들여야 한다.

아이들이 어른에 비해 더 산만하고 집중을 못하는 것 역시 뇌가 여러 가지 정보를 동시에 처리하지 못하기 때문이다. 뇌는 아직 충분히 발달하지 못했는데 자신에게 요구되는 활동은 너무 많기 때문에 차분히 일을 처리하지 못하고 몸만 분주하게 움직이게 된다.

아이의 집중력을 높이려면 아이에게 해야 할 일을 한 가지씩 제시하고 한 가지 활동을 하고 있는 중에는 절대 방해하지 않아야 한다. 동시에 여러 가지 일을 해야 하는 상황에서는 높은 집중력을 기대할 수 없다. 학교 숙제를 하고 있는 아이에게 학원 숙제를 물어본다거나 교육용 비디오를 보면서 문제를 풀도록 하는 것은 오히려 집중력을 떨어뜨릴 수 있다. 텔레비전을 보면서 밥을 먹는 습관도 좋지 않다. 아이가 한 가지 활동을 다 하고 멈출 때까지 기다려줄 때 아이의 집중력은 향상된다.

TIP 교사가 아이의 산만함을 지적한다면

에디슨은 대표적인 학교 부적응아였다. 모두가 다 아는 것처럼, 달걀 품기 일화는 에디슨이 얼마나 엉뚱하고 호기심 많은 아이였는지를 보여준다. 어느 날 닭이 알을 품고 있는 것을 신기하게 여긴 에디슨이 엄마에게 왜 닭이 알을 품고 있는지 물어보았다. 엄마는 병아리를 만들기 위해서라고 설명해주었다. 그 뒤 에디슨이 보이지 않아 집 안 여기저기를 찾아 헤매던 가족들은 헛간에서 알을 품고 있는 에디슨을 발견했다. 닭처럼 알을 품으면 병아리를 만들 수 있을 것이라는 생각에 몇 시간 동안 알을 품고 있었던 것이다.

만약 우리 아이가 에디슨 같은 행동을 했다면 부모들은 어떻게 반응했을까? 에디슨의 엄마는 사람과 닭의 체온 차이를 설명해주면서 사람은 아무리 알을 품어도 병아리로 만들 수 없다는 것을 이해시켰다. "왜 시키지도 않은 엉뚱한 짓으로 걱정 거리를 만드느냐"고 야단치지도 않았고, "바보같이 사람이 어떻게 병아리를 만드느냐"고 비웃지도 않았다.

에디슨은 글을 읽거나 쓰는 것 그리고 단순한 계산을 아주 못했다. 일부 학자들은 에디슨이 학습 장애를 가지고 있었을 것이라고 주장하기도 한다. 읽기와 쓰기, 셈하기를 강조하는 초등학교 교실에서 에디슨은 끊임없이 엉뚱한 행동을 했고 교사로부터 야단도 많이 맞았다. "1+1은 왜 2인가요? 1이 될 수도 있지 않나요?"와 같은 질문을 계속하는 에디슨에게 교사는 '머리 나쁜 바보'라고 말했다.

아이가 학교에서 이런 얘기를 듣고 오면 부모는 열이면 열 모두 다 당혹스러워하고 속상해한다. 에디슨의 엄마도 마찬가지였을 것이다. 하지만 에디슨의 엄마는 아이를 학교 체제에 적응시키기 위해 "제발 학교에서 엉뚱한 짓 좀 하지 마라. 이제 선생님 말씀 좀 잘 들어라. 네가 자꾸 그런 짓을 하면 친구들도 너를 무시하고 싫어하게 될 것이다"라고 아이를 겁주거나 야단치지 않았다. 따로 과외를 시켜 학교 공부를 따라가게 하지도 않았다.

에디슨 엄마는 교사에게 찾아가 당당하게 "우리 아이는 바보가 아닙니다. 우리 아이는 궁금한 것이 많은 아이입니다"라고 말한 뒤 아이를 더 이상 학교에 보내지 않았다. 그녀는 아이가 학교생활에 적응하지 못하는 것은 아이에게 이상이 있어서가 아니라 학교 체제와 문화가 지나치게 경직되고 왜곡돼 있기 때문이라고 생각했다.

아이가 학교에 잘 적응하지 못하거나 학교에서 산만하다는 지적을 받을 경우, 아이를 무조건 바꾸려고 하거나 걱정만 할 것이 아니라 아이가 왜 그런 행동을 하는지 호기심을 가지고 아이를 관찰하고 대화해야 한다. 아이를 진정으로 이해하고자 하는 마음으로 아이와 대화하면 교사가 걱정하는 문제 행동이 어떤 맥락에서, 왜 나타나는지 알 수 있다. 이런 과정을 거치면서 부모는 아이를 더 잘 이해할 수 있고, 아이에게 필요한 도움을 줄 수도 있다. 또 부모의 생각과 대처법을 교사에게 전달하고 교사와 협력해 아이의 행동 변화를 이끌 수도 있다.

때로는 세상이, 학교가, 교사가 아이를 버거워하거나 이상하게 여기더라도 부모는 항상 아이 입장에서 상황을 바라보고, 아이에게 도움을 줄 수 있는 방법을 찾아야 한다. 에디슨 엄마처럼 아이를 학교에서 빼내어 오거나, 교사를 상대로 싸움을 하라는 의미가 아니다. 부모만큼 자기 아이에 대해 많이 알고 깊이 이해하는 사람은 없으므로, 교사가 "아이의 이런 행동이 문제입니다"라고 말할 때 그것을 무조건 받아들이고 아이만 다그칠 것이 아니라, '아이가 왜 그런 행동을 할까? 집에서 보이는 모습과 학교에서 보이는 모습이 다른 이유는 무엇일까?'를 먼저 생각해봐야 한다. 아이에게 직접 물어보고 함께 방법을 찾아낼 수도 있다.

대부분의 교사들은 교사의 의견에 전적으로 의존하고 교사의 처방만 기다리는 부모보다 아이에 대한 의견을 교환하고 함께 노력하는 부모를 더 좋아한다. 부모가 생각하는 것보다 교사들은 훨씬 유연하고 개방적인 생각을 갖고 있다. 교사는 아이를 위해 나란히 함께 가야 할 존재이지 절대 위에서 군림하거나 아래에서 굽실거려야 할 존재가 아니라는 점을 잊지 말자.

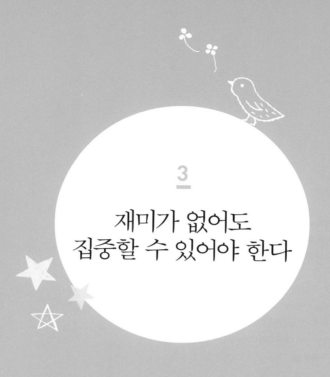

3

재미가 없어도
집중할 수 있어야 한다

칭찬의 힘
_칼릴 지브란

다른 사람에게서 가장 좋은 점을 찾아내
그에게 얘기해주어라.
우리들은 누구에게나 그것이 필요하다.

우리는 다른 사람의 칭찬 속에서 자라왔다.
그리고 그것이 우리를 더욱 겸손하게 만들었다.
그 칭찬으로 인해 사람은 더욱 칭찬을 받으려고 노력하는 것이다.
진실한 의식을 갖춘 영혼은 자신보다 뛰어난
무엇을 발견해낼 줄 안다.

칭찬이란 이해이다.
근본적으로 우리는 위대하고 훌륭하다.
누군가를 아무리 칭찬한다 해도 지나침이 없다.

다른 사람 속에 있는 위대함과
아름다움을 발견하는 눈을 길러라.
그리고 찾아내는 대로 그에게
얘기해줄 수 있는 힘을 길러라.

집중력은 재미있고 신 나는 상황뿐만 아니라 지루하고 어려운 상황에서도 발휘되어야 한다. 자기통제력이 높은 사람은 지루하고 어려운 공부를 할 때도 하기 싫은 마음을 달래고 해야 하는 이유를 찾아가며 동기를 조절할 수 있다. 스스로를 다독이면서 지루함, 짜증스러움, 불안함과 같은 불쾌한 정서를 관리할 수 있기 때문이다.

불안하거나 우울한 상황, 스트레스가 높은 상황에서는 자기통제력을 발휘하기 어렵다. 정서적으로 안정되어 있어야만 단조롭고 지루한 과제, 오랜 시간 깊이 생각해야 답을 찾을 수 있는 과제를 할 때 지속적인 집중력을 발휘할 수 있다. 또 자신의 능력에 대한 확신이 있어야만 금방 답을 찾기 어려운, 곤란도 높은 문제를 풀 때도 쉽게 좌절하거나 포기하지 않고 오랜 시간 노력을 기울일 수 있다.

정서적 안정감과 자존감은 부모와의 관계를 통해 만들어지는 것이다. 조금 부족하고 어설퍼도 부모가 있는 그대로의 나를 사랑하고 인정하고 있다는 믿음이 있을 때 아이 역시 있는 그대로의 자신을 사랑할 수 있다. 그리고 조금 더 나은 자신을 만들기 위한 안정적인 노력을 지속할 수 있다.

정서 조절 능력의 뿌리,
애착과 신뢰

정서 조절 능력은 일생 동안 다양한 사람들과 상호작용하는 과정에서 지속적으로 습득되는 능력이지만, 신생아 때 부모와 주고받은 상호작용의 양과 질은 정서 조절 능력에 특히 많은 영향을 미친다. 부모가 아이와 눈 마주치며 웃어주고, 옹알이에 대꾸해주며 말 걸어주고, 안아주고 만져주는 반복적인 과정을 통해, 건강하고 안정적인 애착을 형성하게 된 아이는 정서 조절 능력도 잘 발달하게 된다. 그래서 지루하거나 어려운 공부를 할 때도 짜증 나고 불안한 마음을 스스로 달래며 오랜 시간 집중할 수 있다.

반대로 부모와의 관계 속에서 건강하고 안정적인 애착을 형성하지 못한 아이는 낮은 정서 조절 능력을 갖게 된다. 애착이 불안정하게 형성된 아이는 부모의 지지와 공감 속에서 자신의 감정을 편안하게 표현하고 이해받은 경험이 부족했기 때문에 자신의 정서를 인식하는 능력이 또래에 비해 부족하다. 그러니 울면서도 서운해서 우는 것인지, 무서워서 우는 것인지, 화가 나서 우는 것인지 잘 구분하지 못한다.

자기 마음을 자각하고 이해할 수 있어야 "엄마, 나는 엄마가 동생만 예뻐하는 것 같아서 너무 서운해요. 엄마가 동생한테만 웃어주니까 신경질이 난단 말이에요", "엄마, 엄마가 소리 지르면 너무 무서워요. 차분하게 말해주세요", "엄마, 나도 상장 못 받아서 속상해요. 그런데 엄마까지 혼내니까 더 화가 나요" 하며 자기 마음을 표현할 수 있다. 또 '서운해도 할 수 없지 뭐, 엄마가 동생을 예뻐한다고 해서 나를 사랑하지 않는 건 아니니까', '칫! 엄마는 맨날 소리만 지르고. 소리 지르면 내가 얼마나 겁먹는지 엄마는 모르나 봐. 엄마화가 가라앉으면 알려줘야겠어', '엄마도 속상한가 봐. 그래서 화를 내는 거고. 다음번엔 실수하지 않고 차분히 해서 상장을 꼭 받아야겠어' 하며 스스로를 달랠 수도 있다.

영아기 때 아이와 안정적인 애착을 형성할 수 있었다면, 그래서 지금 우리 아이가 자신의 정서를 잘 조절할 수 있고, 지루하고 힘든 상황에서도 오랜 시간 집중력을 발휘할 수 있다면 더할 나위 없이 좋겠지만, 그 시기가 이미 지났다고 해도 크게 실망하지 않아도 된다. 생애 초기가 애착 형성에 가장 중요한 시기인 것은 틀림없지만, 그 시기가 지났다고 해도 아이와 건강하고 안정적인 애착 관계를 형성하는 것이 불가능하지는 않다. 애착 불안정이 심할수록, 아이의 연령이 높을수록 더 많은 노력을 해야 하긴 하지만, 지금 아이와 주고받고 있는 말, 눈빛, 터치 등을 통해 애착 관계를 변화시킬 수 있다.

피부를 통해 전달되는 안정적 사랑

건강하고 안정적인 애착 관계를 형성하기 위해 부모가 할 수 있는 가장 안전하고 효과적인 방법의 하나는 스킨십*이다. 스킨십은 이제 막 태어난 아기가 편안함과 안정감을 느끼게 하고 세상을 신뢰할 수 있게 만드는 가장 핵심적인 기제이다. 미국 마이애미 의과대학 교수 티파니 필드Tiffany Field는 수많은 연구와 실험을 통해 스킨십이 스트레스와 불안감을 낮추고 정서적 안정감을 높이는 데 기여함을 밝힌 바 있다.**

피부는 인간뿐만 아니라 모든 동물에게서 가장 먼저 발달하는 감각기관이고 눈을 감거나 귀를 막는 것처럼 인위적으로 차단할 수 없기 때문에 언제나 정보를 받아들이도록 열려 있는 기관이다. 또 피부는 시력이나 청력과 같은 다른 감각기관의 기능이 노화와 함께 쇠퇴할 때조차도 쉬지 않고 기능을 하는 최후의 감각기관이기도 하다. 피부를 터치하면 그 자극은 곧장 뇌로 전달되고 뇌는 그 정보를 근거로 몸과 마음, 생각 등을 조절하게 된다.

부모와의 건강하고 안정적인 애착을 형성하지 못한 아이들 중에는 엄마와의 스킨십을 불편해하는 아이들이 많다. 그래서 스킨십을 해야 하는 상황에서 어색해하거나 피하려 애쓰는 모습을 보인다. 반대로 과도하게 스킨십에 집착해서 기회가 있을 때마다 스킨십을

* 스킨십은 영어 touch를 번역한 것이다. 일본식 영어이긴 하지만 우리말처럼 통용되고 있고 touch와 가장 유사한 뜻으로 쓰이고 있어 스킨십이란 용어를 쓰기로 했다.
** 피부를 터치하는 것이 몸과 마음의 건강에 얼마나 많은 영향을 미치는지에 대한 보다 자세한 내용은 티파니 필드의 《오늘 당신의 아이를 안아주셨나요》 (김선영 역, 책으로 여는 세상, 2009)를 참고하기 바란다.

하려 하는 아이들도 있다. 이런 아이들은 가능한 엄마 옆에 앉아서 손이나 팔, 다리 같은 부위를 만지려 한다.

엄마도 마찬가지이다. 애착 형성이 잘된 아이와는 스킨십이 자연스럽고 스킨십을 통해 행복감을 느끼지만 애착 형성이 잘 안 된 아이와의 스킨십은 어색하고 불편하게 여긴다. 아이가 엄마를 만지려 하니 마지못해 몸의 한 부위를 내어주기는 하지만 귀찮은 기색을 감추지 못한다.

상담을 하다 보면 아이가 예쁘고 좋기는 하지만 아이와 함께하는 시간이 정말 기쁘게 느껴지지는 않는다는 엄마들을 종종 만난다. 아이와의 관계 속에서 사랑보다는 책임감과 의무감을 더 많이 느낀다는 것이다. 이런 엄마들은 대개 아이가 어릴 때 너무 바빠서 아이를 다른 사람에게 맡기고 늦은 저녁이나 주말에만 아이와 시간을 보냈거나, 준비 없이 맞은 아이라 어떻게 키워야 할지 막막했는데 주변에 도움 줄 만한 사람이 없었거나, 산후에 몸이나 마음이 많이 아파 우울하고 불안한 마음을 많이 느꼈었거나, 남편이나 시어머니와의 갈등이 최고조에 달했던 때라 아이한테 마음이 덜 갈 수밖에 없었던 것과 같은 사연을 가지고 있다.

이 경우 오롯이 나에게만 의존하고 나의 돌봄을 필요로 하는 아기와 힘들면서도 행복한 시간을 보내며 아이를 쳐다보고, 말 걸어주고, 옹알이에 대꾸해주고, 웃어주는 과정에서 피부와 피부가 접촉했던 시간이 적을 수밖에 없다. 또 먹여주고, 씻겨주는 기본적인 양육을 하는 과정에서도 아이와의 신체 접촉이 제한되었을 수 있다. 그만큼 아이와의 안정 애착이 형성될 가능성이 낮아지고 성장 과정에서 아이는 자신의 정서를 잘 조절하지 못하는 문제를 나타내게 된다.

아이가 스킨십을 어색해하고 피하려 하는 쪽이든, 반대로 어떻게든 내 옆에서 내 몸 어디라도 접촉하려 애쓰는 쪽이든, 내가 취할 수 있는 가장 좋은 방법은 먼저 만져주는 것이다. 손을 잡거나 팔짱을 낄 수도 있고 어깨동무를 할 수도 있다. 안아주거나 뽀뽀를 하거나 간지러움을 태우는 것도 가능하다. 잠들기 전에 함께 이불 안에 들어가 책을 읽거나 이야기를 나누는 것은 더욱 좋다. 아이를 깨울 때도 잠시 아이의 이불 안으로 들어가 안아주거나 말을 걸어주면 기분 좋게 잠에서 깨어날 수 있다. 샤워를 한 후나 잠들기 전에 매일 마사지를 해주는 것도 좋은 방법이다.

아이가 원하니까 억지로, 스킨십을 하는 게 좋다고 하니까 마지못해 하는 티를 내서는 안 된다. 연애를 해본 사람은 누구나 알 것이다. "사랑해? 정말 사랑해?" 조르듯이 물어서 얻어낸 "그래, 사랑한다, 사랑해! 너는 그걸 왜 자꾸 묻냐? 당연한 걸" 하는 퉁명스러운 답변이 얼마나 부족하게 느껴지는지. 그래서 귀찮아하는 걸 알면서도 계속해서 사랑하느냐고 묻게 되고 서운한 마음이 쌓이게 되는 것을. 내가 묻기 전에 "사랑해" 하며 안아주어야 더 이상 귀찮은 질문을 반복하지 않는다는 것을.

아이에게도 아이가 원하기 전에, 원하는 것보다 더 많이 스킨십을 해야 한다. 애착 형성이 불안정하게 된 아이에게는 더욱 그렇다. 아이들 중에는 "엄마, 나 사랑해?" 하고 직접적으로 묻는 아이도 있지만, 묻지 않고 부모를 시험하는 아이도 있다. 남자 친구의 사랑에 대한 확신이 적어 일부러 전화를 안 받거나 약속 시간보다 늦게 나타나거나 상대가 싫어할 만한 행동을 한 후에 상대의 반응을 살피며 밀고 당기기 일명 '밀당'을 했던 것처럼, 아이들도 부모의 사랑이 의심될 때는 부모의 반응을 살피기 위한 여러 가지 밀당을 한다. 나이가 어릴수록 밀당은 부모 눈에 빤히 보이는 유치한 수준이지만, 사춘기 이후에는 가출이나 자살과 같은 심각한 행동까지 감행하며 부모의 사랑을 시험하게 된다.

부모의 사랑에 대한 의심은 미소를 담고 쳐다보는 사랑스러운 눈빛, 손을 잡으며 전해오는 온기, 토닥토닥 등을 두드리는 편안한 손, 머리와 얼굴을 쓰다듬는 부드러운 손길, 팔짱이나 어깨동무를 하며 함께하는 걸음 등을 통해 자연스럽게 사랑이 느껴질 때 사그라진다.

Tip 자연스러운 스킨십을 유도하는 놀이 '나는 너를 사랑해'

아이와 번갈아 가며 상대의 몸을 만지면서 상대의 몸 부분을 사랑한다는 말을 하는 놀이이다. 다른 사람의 방해를 받지 않는 편안하고 조용한 공간만 있다면 다른 준비물은 전혀 필요 없다.

1. 아이와 가까이 마주 앉는다. 손을 뻗으면 상대방의 몸을 만질 수 있는 가까운 거리에 마주 앉는다.
2. 놀이의 규칙을 설명한다. 엄마가 엄마의 손을 아이의 눈에 가져다 댄 후 "엄마는 연후의 눈을 사랑합니다"라고 말하면 아이는 엄마를 따라서 자신의 손을 엄마의 눈에 가져다 댄 후 "나도 엄마의 눈을 사랑합니다"라고 말하는 놀이임을 설명한다.
3. 엄마가 먼저 시험을 보여준 후 엄마의 행동과 말을 따라 하게 한다. 몸 전체를 한 번에 끝내는 것이 아니라 "엄마는 연후의 팔을 사랑합니다" 하면 아이도 "나도 엄마의 팔을 사랑합니다" 따라 하며 번갈아 해야 한다.
4. 순서는 크게 중요하지 않다. 눈, 코, 입, 귀, 머리, 어깨, 팔, 손, 배, 등, 허벅지, 종아리, 발 등 아이의 몸 하나하나를 만지면서 "엄마는 연후의 종아리를 사랑합니다"라고 말하면 된다. 간혹은 연후의 큰 눈, 연후의 튼튼한 다리 같은 형용사를 붙이기도 하는데, 무조건적인 사랑을 강조하기 위해서는 형용사를 붙이지 않는 것이 더 좋다. 눈이 크지 않아도, 다리가 튼튼하지 않아도 엄마는 있는 그대로의 아이를 사랑한다는 의미를 더 강조하기 위함이다.

5. 엄마가 아이 전체에 대해 사랑을 표현한 후에는 역할을 바꾸어서 아이가 엄마 몸에 대해 먼저 사랑한다는 말을 하고 엄마가 아이 행동을 따라 하면 된다. 사랑의 마음을 가득 담아서 사랑스러운 말투와 표정으로 표현해달라고 요청하고, 엄마도 따라 한다.
6. 마지막으로 아이를 꼭 안아주면서 "사랑해"라고 말해준다.

간혹 아이들 중에는 엄마와의 스킨십이 어색하고 부담스러워서 이런 놀이를 피하고 싶어 하는 아이들이 있다. 그런 경우 엄마의 콧구멍, 엉덩이, 똥꼬 등을 이야기하며 우스꽝스럽게 분위기를 몰고 가려 하거나 엄마를 때리듯이 툭툭 건드리며 말로만 사랑한다고 하기도 한다. 이런 경우 너무 억지로 놀이를 진행하지 말고, 멈추는 것이 낫다. 아이에게 실망하거나 아이를 야단치기보다는 아이에게 인색했던 내 마음과 행동을 반성해야 한다. 아이가 스킨십을 어색해하는 경우, 평소 자연스러운 스킨십을 오랜 시간 더 한 후 다시 놀이를 시도해보길 권한다.

나는 내 아이를 얼마나 믿고 있을까?

초등학교 4학년생 딸아이를 둔 한 엄마는 상담을 하다가 "제가 우리 아이 공부 머리는 잘 알아요. 얘는 그냥 평범한 수준이에요. 그래서 더 이상 욕심 안 내려고 하는데 자꾸 욕심이 생겨서 큰일이에요. 그냥 제 할 일만 열심히 해주면 좋겠는데 그것조차도 안 하고 갈수록 산만해져요"라고 말하면서 한숨을 내쉬었다. 엄마 옆에서 그 얘기를 듣고 있던 아이는 뾰로통한 표정을 지으며 내 눈을 피했다.

엄마의 이런 말을 듣는 순간 아이는 자신의 한계를 스스로 정해버린다. 엄마의 믿음대로 평범한 공부 머리를 가진, 자기 일조차 잘 못하는 산만한 아이가 되는 것이다.

1968년 미국 샌프란시스코의 한 초등학교에서 전교생을 대상으로 지능검사를 실시했다. 검사 뒤에 지능지수가 상위 20퍼센트에 속하는 학생의 명단을 작성해 담임교사에게 전달했다. 8개월이 지난 뒤 다시 지능검사를 실시했다. 그 결과 처음 검사에서 지능지수가 높게 나왔던 20퍼센트의 학생들은 다른 학생들보다 높은 지능지수를 보였고 성적도 전보다 크게 향상되었다.

이 실험은 학계에서 아주 유명한 실험으로 꽤 오래전 연구 결과지만 아직까지 관심을 끌고 있다. 머리 좋은 아이들의 성적과 지능지수가 높아졌다는 당연한 연구 결과가 왜 지금까지도 사람들의 관심을 끄는 것일까?

사실 이 연구는 하버드대학 교수인 로버트 로젠탈Robert Rosenthal과 초등학교 교장인 레노어 제이콥슨Lenore Jacobson이 '약간의 거짓말'로 교사를 속인 실험이었다. 연구자들이 담임교사에게 전달한 지능지수 상위 20퍼센트의 학생들은 실제로는 지능과 상관없이 무작위로 뽑힌 아이들이었다. 그러니까 그중에는 지능이 높은 아이도 있었지만 평범하거나 오히려 지능이 낮은 아이도 포함되어 있었다.

그런데 어떻게 8개월 뒤 재실시한 검사에서 이 아이들이 다른 아이들보다 높은 지능지수와 학업성적을 얻었을까? 그것은 바로 교사의 기대와 격려 때문이었다. 교사는 연구자들이 높은 지능을 가진 아이들의 명단을 주면서, "이 아이들은 머리가 아주 좋아 지적 능력이 뛰어나고 학업 성취의 가능성이 큰 아이들입니다"라고 한 말을 의심 없이 받아들였다. 그러면서 이 아이들은 다른 아이들보다 똑똑하므로 공부를 더 잘할 것이라고 기대했던 것이다. 그래서 교사들은 그 아이들이 하는 행동을 긍정적으로 바라보고 칭찬할 수 있었다.

이 실험은 교사가 학생에게 거는 기대가 실제로 성적 향상에 효과를 미친다는 것을 입증했다. 이는 부모와 자녀 사이에도 그대로 적용된다. 아이를 어떤 기대와 시선으로 바라보느냐에 따라 아이의 행동은 분명 달라지기 때문이다.

부족하게 태어나는 인간에게 꼭 필요한 것

엄마가 꼭 말로 표현하지 않더라도 엄마의 생각은 아이에게 전달된다. 아이가 실수로 물컵을 떨어뜨렸을 때 속으로 '너는 왜 이렇게 늘 사고만 치니? 커서 뭐가 되려고' 하는 마음으로 물을 닦아주는 것과 '실수했구나. 나도 가끔 그러는데 뭐' 하는 마음으로 물을 닦아주는 것은 분명 다르게 전달된다. 둘 다 아무 말 없이 물을 닦아주는 상황이라고 해도 첫 번째 상황의 아이는 좌절감과 불안을 경험하게 되고, 두 번째 상황의 아이는 실수를 통한 배움의 과정을 편안하게 경험하게 된다.

동물과는 달리 인간은 부족함이 많은 상태에서 태어나 오랜 기간 부모에게 의존하며 성장한다. 소나 말 같은 동물은 태어난 지 얼마 되지 않아 걸음을 시작하고 뛰어다니지만 인간은 10개월이 지나야 어정쩡하게나마 설 수 있다. 신생아의 뇌는 성인 뇌의 4분의 1 크기에 지나지 않으며 뇌가 온전히 자라는 데는 20여 년의 시간이 필요하다.

작고 약하게 태어난 인간이 말을 배우고 자아를 형성하고 몸을 키우면서 어른이 되는 데는 부모의 도움이 절대적이다. 많은 부모가 아이의 미숙하고 부족한 부분 때문에 속상해한다. 그런데 아이는 인간으로 태어났기에 미숙하고 부족한 것이 당연하다. 그것이 아이의 본질이다. 소나 말을 키우는 것이 아니라 사람을 키우기 때문에 부모가 인내하고 도와주어야 한다. 부모는 아이가 실패를 통해 배우고 성장하는 과정을 기뻐하며 칭찬하고 격려해주어야 한다.

모든 부모는 자식이 잘되기를 바란다. 그런데 아이가 정말로 잘될 것이라고 믿는 부모는 많지 않다. 사회는 갈수록 각박해지고 치열해지는데 우리 아이만 뒤떨어지면 어쩌나 불안한 마음에 아이에게 여유로운 마음을 갖지 못한다. 그래서 아이가 실수하거나 실패할 때 아이보다 부모가 더 조바심을 낸다.

시험을 못 본 상황에서도 아이보다 엄마가 더 슬퍼하고 화를 내기 때문에 아이는 시험성적을 자기가 관리해야 할 문제라고 생각하기보다는 엄마가 알아서 할 문제라고 생각하게 된다. 그리고 점점 공부에 대한 흥미와 자신감을 잃게 된다. 당연히 공부에 대한 집중력도 떨어질 수밖에 없다.

"너는 왜 늘 이 모양이니?"

"엄마가 시키는 대로 해. 이번에도 실수하면 정말 크게 혼날 줄 알아."

"너 때문에 걱정이다."

"또 그랬어? 왜 또 그랬어!"

이런 말보다는

"알면서도 잘 안 될 때가 있어. 괜찮아."

"이번엔 마음이 너무 급했나 보다. 다음엔 천천히 다시 해보자."

"엄마, 아빠는 네가 잘할 수 있을 거라 믿어."

"괜찮아. 실수는 누구나 해. 엄마도 이런 실수 한 적 있어."

이렇게 웃으면서 격려해주면 아이의 실수는 실패로 연결되지 않는다.

부모가 아이에게 이런 말을 할 때는 정말로 아이의 잠재력과 가능성에 대한 믿음을 가지고 있어야 한다. 인간은 모두 더 잘하고자 하는 마음을 가지고 태어난다. 아무리 못난 사람도 지금보다 더 못한 자신의 모습을 원하지 않는다. 우리 아이 역시 마찬가지이다.

다만 잘하고 싶은 마음이 자주 무시당했거나, 해도 안 되면 어쩌나 하는 부모의 불안이 은연중에 느껴졌을 때 아이는 도전하지 않으려 한다. 쉽게 포기하고 좌절하게 된다. 내가 내 아이를 못 믿으면서 아이에게 자신감이 부족하다고 야단치고 있는 것은 아닌지, 부모로서 나는 아이에게 어떤 믿음을 전달하고 있는지 반성해보자.

 내 아이, 얼마나 믿고 있을까?

평소 아이에 대해 갖고 있었던 생각과 가장 유사한 곳에 표시하세요.

	전혀 아님	가끔	자주	늘
1 우리 아이는 가만히 놔두면 아무것도 안 하고 놀기만 할 것 같다.	0	1	2	3
2 우리 아이보다 잘난 아이들이 너무 많아서 불안하다.	0	1	2	3
3 내 도움 없이 우리 아이는 아무것도 할 수 없을 것 같다.	0	1	2	3
4 아이가 배우자나 나의 장점보다는 단점을 더 많이 닮은 것 같다.	0	1	2	3
5 아이에게 더 많은 것을 더 빨리 준비시키고 싶다.	0	1	2	3
6 아이가 커서 뭐가 될지 걱정스럽다.	0	1	2	3
7 우리 아이는 잘하는 것이 하나도 없어 보인다.	0	1	2	3
8 우리 아이가 그나마 이만큼 하는 것은 내가 옆에서 붙들고 시키기 때문이다.	0	1	2	3

| 9 | 객관적인 심리 검사를 통해서 아이의 현재 능력과 상태를 아는 것이 두렵다. | 0 | 1 | 2 | 3 |
| 10 | 자꾸 다른 아이들과 우리 아이를 비교하게 된다. | 0 | 1 | 2 | 3 |

체크된 항목의 점수를 모두 더해주세요.　총점 ____

0~8점, 아이에 대한 믿음이 충분하다.

아이에 대해 필요한 염려를 하며 아이가 원할 때는 언제든지 도움을 주기 위해 지켜보고 있지만 아이에 대한 긍정적 믿음이 크기 때문에 아이는 안정감과 자신감을 많이 느낄 수 있다.

9~18점, 아이에 대한 믿음이 부족한 편이다.

아이의 현재 상태가 못마땅하고 불안하기 때문에 아이의 능력과 미래에 대한 걱정이 많고 아이에게 간섭과 잔소리를 많이 하기 쉽다. 아이는 있는 그대로의 자기 자신을 신뢰하지 못하기 때문에 자존감과 자신감이 부족할 수 있다.

19~30점, 아이에 대한 믿음이 많이 부족하다.

부모의 도움 없이는 아이가 아무것도 할 수 없다고 생각해 아이에게 지나치게 간섭하고 아이의 사소한 실수에도 크게 야단치기 쉽다. 부모의 불안이 아이에게 전달되기 때문에 아이가 불안을 쉽게 느끼고 자존감도 낮을 가능성이 크다.

공부 전에 우선 채워주어야 하는 욕구

'시키기 전에 알아서 공부하는 아이', '주도적으로 집중해서 공부하는 아이'는 모든 부모의 바람이다. 공부가 재미있고 좋아서 누가 시키지 않아도 공부하는 아이, 어떻게 해야 그런 아이가 될 수 있을까? 미국심리학회장을 역임했던 매슬로Maslow는 지적인 욕구가 강한 아이로 키우라고 조언한다.

지적인 욕구는 매슬로가 구분한 인간의 일곱 가지 욕구 중 하나이다. 매슬로는 인간의 욕구를 피라미드와 같은 위계로 설명했는데, 아래 단계의 욕구일수록 개인에게 많은 힘을 발휘하는 중요한 욕구이고, 위의 단계로 갈수록 영향력과 중요성이 작아지는 욕구로 세분화하였다. 그리고 아래 단계의 욕구가 채워져야 그것보다 위에 있는 조금 더 높은 수준의 욕구를 추구하고자 하는 동기가 생긴다고 주장하였다.

매슬로에 따르면 지적인 욕구는 아래에서 다섯 번째 욕구, 즉 다섯 번째로 중요한 욕구이다. 지적인 욕구보다 더 중요한 욕구는 지적인 욕구보다 아래에 있는 생리적 욕구, 안전의 욕구, 소속 및 사랑의 욕구, 자존의 욕구이다. 그리고 이 욕구가 안정적으로 충족될 때 지적인 욕구가 중요해지게 된다. 위쪽에는 지적 욕구, 심미적 욕구, 자아실현의 욕구가 순서대로 자리하고 있다.

인간에게 가장 중요하고 강한 욕구는 생리적 욕구이다. 먹고, 자고, 배설하는 등의 생리적 욕구가 충족되지 않으면 인간의 생존이

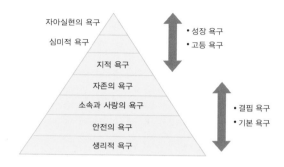

위협받기 때문이다. 그만큼 생리적 욕구는 인간에게 중요하며, 생리적 욕구가 채워지지 않는 상태에서는 다른 욕구가 나타나기 어렵다. 때때로 밥 먹는 것도 건너뛰고 마냥 뛰어 놀기도 하고, 잠을 줄여가며 공부를 하기도 하지만, 생리적 욕구가 우선 충족되지 않은 상태에서 지속적으로 집중력을 발휘하기는 어렵다.

4장에서 더 자세히 설명하겠지만 숙제가 안 되어 있다고 해서 잠을 못 자게 하거나, 늦잠 자는 습관 때문에 아침밥을 못 먹고 학교를 가게 해서는 안 된다. 이런 경우 아이들은 수면 욕구와 식욕에 발목 잡혀 집중력을 발휘할 수 없다. 이 상태에서는 당연히 공부하고 싶은 욕구도 생기지 않는다.

생리적 욕구 다음으로 중요한 욕구는 안전의 욕구이다. 안전의 욕구는 추위, 질병, 위험 등으로부터 자신을 보호하고자 하는 욕구이다. 생리적 욕구처럼 생명 유지를 위해 필수적인 욕구이다. 언제,

어디서, 무엇이 나타나서 나의 생명을 위협할지 모르는 불안한 상황을 피하고 편안한 상태에 있고자 하는 욕구이다.

안전의 욕구가 위협되는 가장 대표적인 경우가 부모가 방임하거나 학대하는 상황이다. 말을 안 듣는다고 아이를 심하게 때리거나 쫓아내겠다고 위협하는 것, "네가 이렇게 말을 안 들으면 엄마가 병들어 죽어버릴지도 몰라" 하며 아이를 겁주는 것, 아이가 보는 앞에서 부부싸움을 자주 해서 부모가 이혼할 것에 대한 걱정을 하게 만드는 것 모두 안전의 욕구를 위협할 수 있다. 학교에서 교사나 또래로부터 폭력을 당하는 경우도 마찬가지이다. 이렇게 안전의 욕구가 위협받는 상황에서 지적인 욕구는 매우 사치스러운 욕구일 뿐이다.

안전의 욕구 바로 위의 욕구는 소속과 사랑의 욕구이다. 소속과 사랑의 욕구는 집단에 소속되어서 그 속에 속한 다른 사람들로부터 환영받고 사랑받고 싶은 욕구이다. 어려서는 가족 안에 소속되어 가족들로부터 사랑받는 것으로도 충분하지만, 성장과 함께 사랑받고자 하는 대상이 확대되어 또래 친구나 이성 친구로 옮겨가게 된다. 하지만 친구나 다른 사람들로부터 사랑을 받더라도 가족으로부터 받는 사랑과 가족 안에서 느끼는 소속감은 여전히 중요하다.

생존과 관련된 욕구 바로 위에 소속과 사랑의 욕구가 자리한 것은 사람들이 생명 유지 다음으로 사회적 관계를 중요시함을 의미한다. 사람은 누구나 일상적인 생활 속에서 사람들과 자연스럽게 마음을 교류하고 사랑을 나누고자 하는 욕구를 가지고 있다. 누구나 가족, 친구들 사이에서 자신이 의미 있는 존재이기를 바라고 그 사람들과 친밀감을 나누고 싶어 한다. 사랑은 특별한 날 한껏 기분을 내며 먹는 고급 레스토랑의 음식이 아니라 매일 먹는 소박한 밥과 같다. 그러니 생존이 해결되고 나면 사랑을 주고받고 싶은 욕구가 제일 중요해진다.

가족 간의 정서적 교류가 별로 없거나 싸움이 잦은 경우, 형제들 간의 경쟁이 심한 경우, 부모로부터 비난이나 잔소리를 많이 듣는 경우, 친구들과 잘 어울리지 못하고 외톨이로 지내는 경우에는 사랑과 소속의 욕구가 채워지기 힘들다. 이런 경우 사랑받기 위해 자신의 욕구보다는 다른 사람의 욕구를 우선시하고 그들이 원하는 대로 자신을 맞추려 애쓰게 된다. 변덕스러운 엄마 기분을 살피며 엄마가 좋아할 만한 행동을 하거나, 자신을 무시하는 친구에게 잘 보이기 위해 집에 있는 물건을 가져다주기도 하는 것은 소속감을 느끼고 사랑받고 싶은 욕구를 채우기 위한 행동이다.

많은 아이가 소속과 사랑의 욕구를 채우기 위해 공부를 한다. 어려서 잠깐인 아이들도 있고 대학원 졸업 때까지 꽤 긴 시간 지속하는 아이들도 있다. 1등을 하거나 100점을 받아 오면 환하게 웃어주는 엄마가 좋아서, 성적이 오르면 기뻐해주고 인정해주는 아빠가 좋아서 공부를 하는 것이다. 이런 아이들은 1등을 놓치거나 100점을 못 받았을 때, 성적이 떨어졌을 때 싸늘하고 냉정하게 침묵할 부모를 떠올리며 불안을 느낀다. 공부를 못하면 가족 안에서 미운 오리 새끼가 되어 사랑받지 못할 것이라 믿기 때문이다.

부모에게 사랑을 받기 위해 공부를 하던 아이들 대부분은 사춘기를 전후해서 공부를 접게 된다. 부모로부터의 독립 욕구가 강해지고 친구나 선생님, 연예인 같은 부모를 대신하는 다른 사람들이 더 중요해지면서 부모의 기대에 부응할 때만, 말을 잘 들을 때만 조건적으로 주어지던 사랑에 염증을 느끼며 공부도 놓아버리는 것이다. 그러니 어려서 잠깐 우등생, 모범생이었던 아이를 만들지 않기 위해서는 성적과 상관없이 아이가 내 아들, 딸인 것이, 우리 가족의 일원임이 얼마나 행복하고 감사한지, 아이를 얼마나 사랑하는지 말과 행동으로 표현해서 소속되어 사랑받고 싶은 아이의 욕구를 채워주어야 한다.

소속과 사랑에 대한 욕구가 충족되면 자존의 욕구가 중요해진다. 자존의 욕구는 자신을 가치 있고 능력 있는 사람으로 인정받고 싶은 욕구이다. '나도 이 정도면 괜찮은 사람이야', '사람들은 나를 중요한 사람으로 인정해주고 있어' 하는 믿음이 자존의 욕구를 충족시키는 밑거름이 된다. 주변 사람, 특히 부모로부터 자신의 능력과 가치를 인정받을 수 있을 때 자존의 욕구가 충족될 수 있다.

자존의 욕구를 채우기 위해 공부를 하는 아이들도 있다. 공부를 잘해야 내 능력을 인정받을 수 있고, 선생님과 친구들도 나를 대단하게 생각해주고, 좋은 대학과 직업이 나를 더 괜찮은 사람으로 만들어줄 것이라 믿기 때문에 공부를 하는 것이다. 주로 이런 믿음은

'친구들한테 무시당하지 않으려면 공부를 잘해야 한다', '성공하려면 공부를 잘해야 한다'와 같은 부모의 말을 그대로 받아들이면서 만들어진 것들이다.

자존의 욕구를 채우기 위해 공부를 하는 것은 소속과 사랑의 욕구 때문에 공부를 하는 것보다는 나은 단계이지만 노력에 비해 성적이 안 나오거나, 공부보다 다른 쪽에 재능이 더 많거나, 공부를 못해서 다른 사람들이 나를 무시할 것 같은 생각이 들거나, 좋은 대학을 나와 그럴듯한 직업을 가져도 사람들이 나를 인정하지 않을 것 같은 불안이 느껴지게 되면 공부에 대한 집중력이 크게 떨어지고 학습 동기도 낮아질 위험이 있다.

지적인 욕구가 높아 공부를 하는 아이들은 사랑받기 위해, 무시당하지 않기 위해 공부를 하는 아이들보다 훨씬 안정적이고 주도적으로 공부를 한다. 지적인 욕구는 생존의 욕구, 안전의 욕구, 사랑과 소속의 욕구, 자존의 욕구가 충족된 후에 중요해지는 욕구이다. 현상과 사물에 대한 호기심이 생기고, 세상을 움직이는 원리가 궁금해져서 탐구하고자 하는 마음, 즉 지적인 욕구가 강해진다는 것은, 생존을 위협받지 않는 안전한 상황에서 사랑과 존중을 받으며 살고 있다는 확신을 갖게 되었다는 것과 같은 의미가 된다. 지적인 욕구가 충족되고 나면 보다 아름답고 완벽한 것, 철학적인 것에 대한 관심을 바탕으로 심미적 욕구가 중요한 욕구로 나타나게 되고, 이후 자신의 잠재력을 끝까지 실현시켜 사회에 기여하고자 하는 자아실현의 욕구까지 나타나게 된다.

매슬로는 생리적 욕구, 안전의 욕구, 소속과 사랑의 욕구, 자존의 욕구를 기본 욕구이자 결핍 욕구로, 지적인 욕구, 심미적 욕구, 자아실현의 욕구를 고등 욕구이자 성장 욕구로 구분하였다. 기본 욕구는 모든 사람이 공통적으로 충족시키고자 애쓰는 욕구라는 의미이다. 그리고 기본 욕구가 충족되지 않으면 여러 가지 심리적 · 적응적 문제를 일으키기 때문에 기본 욕구는 동시에 결핍 욕구이기도 하다. 반면 고등 욕구는 더 나은 삶을 추구하고자 하는 성장의 욕구이기 때문에 사람마다 추구하는 정도도 다르고 이 욕구들이 충족되지 않는다고 해도 삶에 큰 문제를 일으키지는 않는다. 고등의 욕구를 충족시키게 되면 삶의 질이 향상되고 삶이 풍요로워지지만, 충족되지 않는다고 해도 사는 데는 별 지장이 없다.

그러니 고등 욕구인 지적인 욕구가 강한 사람이 되게 하기 위해서는 기본 욕구를 우선 충족시켜야 한다. 공부하라고 잠을 못 자게 하거나, 공부 못하면 때리거나, 공부를 잘해야 웃어주거나, 공부도 못하면서 뭘 잘할 수 있겠느냐며 무시하지 않아야 한다. 공부와 상관없이 잘 먹이고 잘 재우며, 사랑해주고 인정해주어야 지적인 욕구가 강해질 수 있다.

기본 욕구를 얼마나 잘 채워주고 있을까?

아이와 함께 체크리스트를 작성하면서 '예, 아니요'로 답해보자.

예   아니요

1 부모나 아이의 여러 일정 때문에 식사 시간이 불규칙하다.

2 과자나 탄산음료를 많이 먹는다.

3 잠자는 시간이 일정치 않거나 잠을 늦게 잔다.

4 마음 놓고 편안하게 쉴 수 있는 시간이 하루 2시간 미만이다.

5 냉난방이 잘되어 있지 않은 곳에서 주로 생활한다.

6 아이 앞에서 부부싸움을 자주 한다.

7 아이가 말을 안 들으면 큰 소리로 위협하거나 욕하기도 한다.

8 한 번씩 심하게 때려서 버릇을 고친다.

9 부모가 집을 나가거나 아이를 쫓아내겠다는 말을 가끔 한다.

10 말을 듣지 않으면 앞으로 나쁜 일이 생길 것이라며 겁을 준다.

11 친구관계가 좋지 못하거나 특별히 친하게 지내는 친구가 없다.

12 형제나 친구들과 다툼과 경쟁이 심하다.

13 가족이나 친척들 사이에서 비교를 많이 당한다.

14 가족이 모두 함께하는 시간이 하루 1시간 미만이다.

15 가족들 간의 대화가 많지 않다.

16 부모가 직접 공부를 가르치면서 야단치는 일이 많다.

17 지나치게 왜소하거나 몸집이 커서 불만이 많다.

18 부모가 바라는 만큼 공부를 잘하지 못한다.

19 부모의 잔소리나 간섭이 많다.

20 부모나 선생님으로부터 칭찬을 거의 듣지 못한다.

같은 항목에서 아이와 부모의 의견이 다를 수도 있다. 예를 들어 4번 문항(마음 놓고 편안하게 쉴 수 있는 시간이 하루 2시간 미만이다)에서 부모는 '아니요'에, 아이는 '예'에 응답하는 경우가 많다. 부모는 학교, 학원 다녀온 후에 집에서 계속 놀 수 있으니 2시간 이상 쉰다고 생각해서 '아니요'에 응답하지만, 아이는 숙제, 학습지 등을 해야 한다는 부담감을 안고 엄마 눈치를 살피며 TV를 보는 것은 마음 놓고 쉬는 것이 아니기 때문에 '예'에 응답을 하는 것이다. 또 6번 문항(아이 앞에서 부부싸움을 자주 한다)도 부모는 부부싸움이라기보다는 가끔 의견 충돌이 있을 때 언성을 높여서 대화를 한 것인데 아이가 오해를 하는 것이라며 '아니요'에, 아이는 부부싸움이 맞다며 '예'에 응답하기도 한다. 이런 경우 누구의 말이 진실인지를 따지기보다는 아이가 어떻게 생각하고 있는지, 왜 그렇게 생각하는지 이야기를 들어보고, 아이가 생각하는 '예'의 개수를 줄이기 위한 방법을 함께 찾아보는 것이 좋다.

1~5번 문항 중 '예'에 응답한 개수가 3개 이상인 경우

인간의 가장 기본적인 욕구인 '생리적 욕구'가 충분히 채워지지 않고 있다. 생리적 욕구는 기본적인 의식주와 관련되는 것으로 영양가 있는 식사가 규칙적으로 제공되지 못하거나 잠이나 휴식을 취할 여유가 적거나 주로 생활하는 공간이 지나치게 춥거나 더울 때 문제가 된다. 가장 기본적인 욕구인 만큼 이것이 충족되지 못할 경우 당연히 집중력은 떨어질 수밖에 없다.

6~10번 문항 중 '예'에 응답한 개수가 3개 이상인 경우

생리적 욕구 다음으로 중요한 욕구인 '안전의 욕구'가 충분히 채워지지 않고 있다. 안전의 욕구는 자신의 몸과 마음이 외부의 누군가로부터 위협당하지 않을 때 채워질 수 있다. 아이를 심하게 때리거나 고함지르는 것, 부모가 죽거나 집을 나가버리겠다고 위협을 하는 것은 아이의 안전의 욕구를 심하게 위협한다. 자신의 몸과 마음이 안전하다고 느끼지 못할 경우 높은 불안으로 인해 집중력이 떨어진다.

11~15번 문항 중 '예'에 응답한 개수가 3개 이상인 경우

가족과 친구들 사이에서 소중한 한 사람으로 인정받고자 하는 '소속과 사랑의 욕구'가 채워지지 않고 있다. 소속과 사랑의 욕구는 가정과 학교에서 부모, 형제, 자매, 선생님, 친구 등과 즐겁고 행복한 관계를 만들 때 충족된다. 가족들이 함께하는 시간이 적고 형제 간의 경쟁이 지나치게 치열하거나 비교를 많이 당하는 경우에는 가족 안에서 소속과 사랑의 욕구가 결핍될 수 있다. 학교에서는 선생님으로부터 계속해서 지적을 받거나 친구들 사이에서 따돌림을 당하는 경우에 문제가 된다.

16~20번 문항 중 '예'에 응답한 개수가 3개 이상인 경우

지적인 욕구 바로 아래 단계의 욕구인 '자존의 욕구'가 충족되지 않고 있다. 자존의 욕구를 충족시키기 위해서는 현재의 자기 모습에 만족하고 스스로 괜찮은 사람이라고 믿는 마음이 있어야 한다. 아이들은 자기가 괜찮은 사람인지 아닌지를 부모나 교사 등 주변의 중요한 사람의 인정을 통해서 판단한다. 아이들은 특히 부모가 자신을 어떻게 평가하느냐에 민감하고 부모의 평가를 그대로 받아들이기 때문에 부모가 아이에게 어떤 시선을 갖느냐에 따라 자존의 욕구를 채울 수도 있고 그렇지 못할 수도 있다. 자존의 욕구가 채워지지 않는 상태에서는 자신감이 부족하기 때문에 도전하고 성취하기보다는 쉽게 긴장하고 포기하게 된다. 포기가 빠른 만큼 집중하고자 하는 마음도 적을 수밖에 없다.

무기력을 학습하는 아이들

미국 펜실베이니아대학의 마틴 셀리그먼Martin Seligman 박사 팀은 개를 이용한 실험을 통해 인간이 무력감을 학습하게 되는 과정을 보여주었다. 셀리그먼은 개가 고통 피하기를 포기하는 과정을 연구하기 위해 개에게 인위적인 전기충격을 주었다. 전기충격은 그렇게 강하지는 않지만 불편하고 신경 쓰이는 정도였다.

셀리그먼은 한 부류의 개들은 코로 막대기를 누르면 전기충격을 멈출 수 있는 곳에 뒀다. 그리고 다른 한 부류의 개들은 어떤 행동을 해도 전기충격을 멈출 수 없는 곳에 두었다. 또 다른 개들에게는 전기충격을 전혀 가하지 않았다. 첫 번째 부류의 개들은 코를 이용해 전기충격을 멈출 수 있다는 것을 쉽게 알았고, 곧 전기충격을 피할 수 있었다. 하지만 전기충격을 피할 방법이 없는 곳에 있었던 개들은 그 상태에 머물러 있어야만 했다.

다음 날 셀리그먼 박사는 이 개들과 함께 2단계 실험에 착수했다. 그는 셔틀 박스라고 하는 상자에 개를 한 마리씩 넣었다. 이 상자에는 나지막한 울타리로 나눈 두 개의 방이 있었는데, 한쪽 방에는 전기가 통하고 다른 방에는 전기가 통하지 않았다. 처음에 개들은 전기충격이 통하는 방에 놓여졌다. 하지만 낮은 울타리만 뛰어넘으면 전기충격이 없는 다른 방으로 얼마든지 갈 수 있는 구조였다.

2단계 실험에서 전기가 통하는 방에 놓인 개들은 크게 두 유형으로 분류됐다. 낮은 울타리를 뛰어넘어 전기충격 없는 방으로 가는 개들과 그냥 전기충격이 있는 방 한쪽에 웅크린 채 자리 잡고 고통을 견디는 개들로 나뉘었다. 그런데 두 번째 행동을 취한 개는 모두 전날 어떤 행동을 해도 전기충격을 피할 수 없는 방에 있었던 개들이었다.

전날 코를 이용해 전기충격을 조절할 수 있는 방에 있었던 개들과 전기충격을 받지 않은 개들은 모두 울타리를 뛰어넘어 전기충격이 없는 방으로 건너갔지만 전기충격을 조절할 수 없는 방에 있었던 개들은 울타리를 넘으려고 하지 않고 그냥 전기충격이 있는 방에 남아 있었던 것이다.

셀리그먼은 이 실험을 통해서 인간이 무기력을 학습하는 과정과 우울함에 빠지는 원인을 설명했다. 첫째 날 전기충격을 피할 수 없는 방에 있었던 개들처럼 노력해도 고통을 피할 수 없다는 사실을 경험한 사람은 나중에 다른 상황에 처한다 하더라도 고통을 피하려고 노력하기보다는 그 고통을 인내하며 웅크리는 쪽을 선택한다는 것이다. 실패와 좌절을 지속적으로 경험한 사람일수록 보다 소극적으로 문제에 대처하고 고통 속에서 끙끙대면서 우울해하는 것은 그동안의 경험을 통해 무기력을 학습했기 때문이다.

집중력이 낮은 아이들 중에도 무기력을 학습한 아이들이 많다. 어린 시절부터 많은 실패와 좌절을 겪었기 때문에 심리적 상처를 가진 채 무기력하게 생활하는 것이다.

상처라고 하면 많은 사람이 가슴에 오래도록 남는 큰 상처나 충격을 떠올리는데 일상 속에서 반복되는 사소한 말과 행동도 상처가 될 수 있다. 어떤 노력을 해도 전기충격을 피할 수 없는 방에 놓였던 개들도 몸서리쳐지는 심한 충격이 아니라 불편하고 짜증스러울 정도의 약한 충격을 경험했다.

아이들의 실패와 좌절은 부모에 의해 만들어진다. 똑같은 경험을 했어도 부모가 그것을 실패라고 이름 짓고 아이를 한심하게 쳐다보면 아이는 좌절하고 상처를 받는다.

"너는 왜 이렇게 산만하니? 좀 가만히 있어!"

"성적이 도대체 왜 이 모양이니?"

"어휴, 하나만 더 맞았으면 100점인데……."

"미성이는 피아노 대회에 나가서 상 받았다더라. 미성이 엄마가 부럽다."

"항상 게임만 하고……. 커서 뭐가 될지 정말 걱정이다."

이런 이야기를 자주 듣는 아이들은 겉으로는 그 말을 무시하고 흘려듣는 것처럼 보이지만 사실은 심리적인 고통과 좌절을 경험하게 된다. 벗어날 수 없는 잔소리와 핀잔 속에 스스로를 가두고 무기력하게 생활하는 것이다.

최근에 만난 정민이도 무기력을 학습한 아이였다. 정민이는 눈이 큰 귀엽고 해맑은 초등학교 2학년 남자아이인데, 공부할 때 멍하니 있는 시간이 길고 행동이 산만해서 집중력 교육을 받게 되었다. 그런데 정민이를 교육하면서 발견한 사실은 교육 시간 내내 지나치게 엄마의 눈치를 본다는 것이었다. 엄마가 가까이에서 지켜볼 때 오히려 교육 활동에 대한 적극성이 떨어지고, 엄마가 없을 때 오히려 집중을 더 잘하는 모습이 보였다.

정민이의 이런 모습이 엄마의 기존 행동과 깊은 연관이 있다는 것을 엄마와의 상담 과정에서 알게 됐다. 정민이 엄마는 재치 있고 넉넉한 마음을 가진 주부지만 아이에게 공부를 시킬 때는 또 다른 모습을 보였었다. 엄마는 몇 번씩 반복해서 가르쳐도 잘 따라오지 못하는 아이를 보면 답답하고 화가 나서 소리를 지르게 되고 때로는 아이를 때리기까지 했다. 그리고 나면 화를 못 참은 자신에게 다시 화가 나고 아이에게 미안한 마음이 들어 혼자 눈물을 흘리거나 아이를 안고 울기도 했다. 다시는 아이에게 상처를 주지 않아야지 다짐하면서도 아이에게 공부를 가르칠 때는 화가 나고 목소리가 커지는 상황이 반복되었던 것이다.

이런 상황에서 아이는 자존감에 상처를 받고 심한 죄책감을 느끼게 된다. 엄마의 기대를 채우지 못하는 자신이 못나고 부족한 존재로 느껴지고, 사랑하는 엄마를 힘들게 하고 울게 만든 자신을 나쁜 사람이라고 생각하기 쉽다. 정민이뿐만 아니라 많은 아이가 부모의 눈치를 살피고 부모의 평가에 매우 민감하게 반응한다. 이는 자신이 또다시 부모를 화나고 슬프게 할지도 모른다는 불안한 마음 때문이다.

불안한 상태에서는 절대로 집중력이 높아질 수 없다. 야단과 벌을 많이 받고 자란 아이들은 집중을 잘할 수 없다. 집중을 못한다고 야단치는 부모의 행동은 아이의 집중력을 떨어뜨리는 결과를 낳는다. 집중 잘하는 아이를 만들려면 아이가 조금 부족하고 느리더라도 여유 있게 기다리면서 아이의 강점과 적성을 찾아 칭찬해주어야 한다.

Tip 바쁜 아빠가 임팩트 있게 아이와 함께하는 5가지 방법

1. 자투리 시간을 활용하라.

아이와의 시간이 항상 길 필요는 없다. 출근 전이나 잠자리에 들기 전의 자투리 시간만 잘 활용해도 아이와 자주 시간을 보낼 수 있다. 잠깐 동안이라도 아빠와 눈을 맞추고 자주 이야기를 나누다 보면 아이는 아빠가 늘 자신에게 관심을 기울이고 있음을 확인할 수 있다. 시간이 짧은 만큼 숙제나 용돈 같은 일상적인 질문과 대답보다는 지금의 기분, 하루 중 가장 즐거웠던 일 등 정서적인 것에 초점을 맞춘 대화가 좋다.

2. 아이가 좋아하는 것을 이야기 소재로 삼아라.

아이와 대화를 하라고 하면 설교를 장황하게 늘어놓거나 대뜸 고민거리부터 묻는 아빠들이 많다. 그러면 아이들은 아빠와의 대화를 잔소리 듣기나 곤란한 질문 받기로 생각하고 피하고 싶어 한다. 아이가 아빠와의 대화를 즐기게 하기 위해서는 가볍고 즐거운 대화 소재로 이야기를 시작하는 것이 좋다. 게임, 텔레비전, 친구, 옷 등 아이가 관심을 갖고 재미있어하는 것에 아빠가 관심을 보여야 한다. 그래야 아이도 마음을 열고 아빠말에도 귀를 기울이게 된다.

3. 둘만의 시간을 가져라.

엄마나 다른 형제자매 없이 아빠와 아이가 둘만의 시간을 갖는 것이 좋다. 아빠, 엄마, 첫째, 둘째 모두 함께하면, 아이는 충분히 관심 받고 있다고 느끼기 어렵다. 아빠와 첫째, 엄마와 둘째 혹은 아빠와 둘째, 엄마와 첫째가 따로 시간을 보내는 것이 좋다. 아빠의 관심과 사랑을 누군가와 나누지 않고 온전히 독점하는 경험이 아이에게 큰 안정감을 주기 때문이다. 특히 형제자매 간에 경쟁과 질투가 심한 가정에서는 엄마 아빠가 자녀들을 각각 한 명씩 맡아서 시간을 보내는 것이 효과적이다.

4. 신체 접촉을 늘려라.

엄마에 비해 아빠는 아이와 몸을 부딪치며 하는 활동을 더 많이 할 수 있다. 함께 운동을 하거나 등산을 하면서 경험하는 스킨십은 말보다 효과가 더 크다. 특히 아이와 함께할 수 있는 시간이 절대적으로 부족하다면 스킨십을 많이 할 수 있는 활동을 정기적으로 함께하는 것도 좋다.

5. 칭찬을 많이 하라.

칭찬은 고래만 춤추게 하지 않는다. 아이들에게도 자신감과 안정감을 심어주고 높은 집중력을 발휘할 수 있게 한다. 아이와 함께하는 시간이 적기 때문에 더더욱 칭찬을 많이 해야 하지만 실제로는 야단을 더 많이 치게 된다. 칭찬거리보다는 야단거리가 눈에 더 잘 띄기 때문이다. 아이의 부족한 모습은 못 본 척 넘어가고 잘하는 행동에 큰 관심을 보여야 아이와 좋은 관계를 맺을 수 있다.

쉬운 문제만 풀고 싶어 하는 아이 대처법

"우리 아이는 쉬운 공부만 하려고 해요. 딱 봤을 때 어려워 보이면 시작을 안 하고 계속 꼼지락거려요. 문제가 길면 읽지도 않고 별표 치고 넘어가기도 하고요. 제가 옆에서 설명해주면 금방 풀면서도 혼자서는 못 하는 게 답답해요."

공부를 시작하는 데까지 시간이 오래 걸리고, 어려운 문제는 금방 포기해버리는 아이들의 경우, 공부와 관련된 자신감, 즉 자아 효능감*이 낮은 아이들이 많다. 공부와 관련된 자신의 능력에 확신이 부족하기 때문에 공부에 대한 동기도 떨어지고 어려운 문제를 만나면 도전조차 하지 않고 회피하려 애쓴다. 쉬운 문제, 이미 아는 문제만 풀면서 시간을 때우는 전략을 취하게 된다. 공부를 아예 안 하는

● 자아 효능감은 자존감을 구성하는 두 축 중 하나이다. 자존감에 대한 보다 자세한 내용은 《자존감 교육》(이명경 저, 북아이콘, 2014)을 참고하기 바란다.

것보다는 쉬운 문제라도 풀고 있으면 엄마, 아빠한테 야단맞을 확률도 떨어지고 스스로도 공부를 하고 있다며 심리적 위안을 삼을 수 있기 때문이다.

공부하라고 하면 책을 읽겠다며 어릴 때 읽었던 아주 쉬운 책을 펼쳐 드는 아이들도 마찬가지이다. 자기 나이나 학년에 맞는 책이 아니라 두세 살 어린 동생에게나 적합할 책을 읽고 또 읽으며 시간을 때우는 것이다. 이 역시 어렵게 느껴지는 공부를 회피하기 위한 아이 나름의 전략이다.

공부와 관련된 자아 효능감이 낮아 어려운 문제를 풀지 않으려고 하는 아이는 어떻게 해야 할까? 어떻게 해야 어려운 문제를 만나면 제대로 읽지도 않고 별표를 치는 것에서 벗어나 자기 힘으로 풀려고 애쓰면서 지속적으로 집중을 하게 만들 수 있을까?

칭찬의 방법을 바꾸어야 한다. 칭찬을 안 하는 것보다는 칭찬을 많이 하는 것이 좋지만, 잘못된 칭찬은 오히려 아이에게 독이 될 수 있다.

독이 되는 칭찬

초등학생 아이들을 대상으로 칭찬 실험을 했다. 아이들을 두 집단으로 나누고 두 집단 모두에게 쉽게 맞힐 수 있는 문제를 냈다. 그리고 아이들이 정답을 맞힐 때마다 칭찬을 했다. 첫째 집단 아이들에게는 "야! 너 굉장히 똑똑하구나. 머리가 아주 좋은가 봐" 하고 칭찬을 했고 둘째 집단 아이들에게는 "와~ 너는 차분하게 문제를 잘 푸는구나. 생각을 참 열심히 하는 것 같아"라고 칭찬을 했다.

그리고 다음에 풀 문제를 <u>스스로 고르도록</u> 했다. 문제의 유형은 다음과 같았다.

1. 많이 틀리지 않을 것 같은 문제
2. 쉬워서 다 맞힐 수 있을 것 같은 문제
3. 내가 얼마나 잘하고 똑똑한지를 보여줄 수 있는 문제
4. 좀 어렵긴 하지만 많은 것을 배울 수 있는 문제

그 결과, "야! 너 굉장히 똑똑하구나. 머리가 아주 좋은가 봐"와 같은 칭찬을 들은 아이들은 대부분 4번을 제외한 1, 2, 3번 중에 하나를 선택한 반면, "와~ 너는 차분하게 문제를 잘 푸는구나. 생각을 참 열심히 하는 것 같아"와 같은 칭찬을 들은 아이들은 대부분 4번을 선택했다.

'너 굉장히 똑똑하구나. 머리가 아주 좋은가 봐'와 '너는 차분하게 문제를 잘 푸는구나. 생각을 참 열심히 하는 것 같아'는 어떤 차이가 있는 걸까? 전자는 능력 중심의 칭찬이고 후자는 노력 중심의 칭찬이다. 능력 중심의 칭찬과 노력 중심의 칭찬은 왜 이런 차이를 만들어냈을까?

아이에게 많이 하는 "너 천재 아니니? 어쩜 이렇게 똑똑하니!"

같은 능력 중심의 칭찬은 순간적으로는 매우 기분 좋고 행복한 느낌을 주지만 동시에 위협이 되기도 한다. 어쩌다 실수를 하거나 잘못했을 때는 "너 바보 아니야? 도대체 생각이 있는 거야? 없는 거야?" 하는 비난으로 쉽게 바뀌기 때문이다. 능력 중심의 칭찬은 실패 상황에서, 때로는 눈빛이나 한숨으로 때로는 직접적인 말로, "이바보야, 넌 누구 닮아서 이렇게 머리가 안 돌아가는 거야?" 하며 아이의 존재감을 위협하는 비난으로 바뀌기 쉽다.

반면 "넌 참 열심히 하는구나"와 같은 노력 중심의 칭찬은 실수나 실패를 했을 때의 위협이 상대적으로 적다. "좀 열심히 하지 그랬어", "덤벙거리지 말고 차분히 문제를 풀라고 했잖아" 같은 야단은 아이의 존재 자체보다는 행동이나 태도에 대한 비난이기 때문에 아이 입장에서 받아들이기가 훨씬 쉽다.

그래서 "너 정말 똑똑하구나!" 같은 능력 중심의 칭찬을 받은 아이들은 '좀 어렵긴 하지만 많은 것을 배울 수 있는 문제'를 푸는 과정에서 겪을 위협을 피하고 싶은 마음을 갖게 된다. 칭찬 뒤에 숨어있는 함정을 알기 때문이다.

1, 2, 3번 유형의 문제를 좋아하는 아이들은 다른 사람이 시키니까 억지로 혹은 남에게 자신의 능력을 증명해 보이기 위해서 공부를 한다. 이런 아이들은 쉬운 문제는 열심히 푸는 반면, 어려운 문제를 만나면 빨리 포기한다. 때문에 이런 아이들은 어려서는 공부도 잘하고 똑똑하단 이야기를 많이 듣지만 공부가 부쩍 어려워지는 초

등학교 4학년이나 중학교 1학년 때부터 갑자기 성적이 떨어지고 자신감을 잃는 모습을 보인다.

반면 4번과 같은 문제를 풀겠다고 하는 아이들은 새로운 것을 배우는 기쁨 때문에 공부를 한다. 이런 아이들은 배우는 것 자체를 즐기므로 누구나 풀 수 있는 쉬운 문제보다는 공부하는 과정에서 무언가를 배울 수 있는 도전적인 과제를 좋아한다. 그래서 어려운 문제가 나와도 포기하지 않고 계속해서 높은 집중력을 발휘한다.

약이 되는 칭찬법

노력을 강조하는 칭찬

앞의 칭찬 실험에서 분명히 드러난 것처럼 능력 중심의 칭찬은 실수나 실패를 두려워하게 만든다. 자기중심성이 강하고 타인과 자신을 객관화하여 비교하는 것이 어려운 유아기에는 크게 문제 되지 않지만, 자신의 능력에 대한 객관적인 평가와 비교를 할 수 있게 되는 아동기 이후에는 능력 중심의 칭찬은 특히 더 독이 될 수 있다.

자기 능력에 대한 확신이 부족하거나 불안정한 대부분의 아이들은 "머리가 정말 좋구나. 천재인가 봐!", "우와~ 정말 똑똑하네!" 같은 능력 중심의 칭찬을 들으면 부담을 느끼고 왠지 실제 자신의 능력을 나중에라도 알게 되면 상대가 실망하게 될 것에 대한 불안을 갖게 된다. 순간적으로는 어깨에 힘이 들어가고 잘난 척을 할 수 있지만, 실수나 실패가 예상되는 상황에서는 상대의 기대에 못 미치는 자신의 능력이 들통 날까 봐 노심초사하게 되는 것이다. 그리고 이들 중 일부는 이런 불안을 스스로 잠재우고자 일부러 더 자신을 과장해서 드러내고 큰 소리를 치거나 과잉 행동을 하기도 한다.

칭찬을 할 때는 "아주 잘했어. 네가 열심히 노력한 덕분이야. 틀린 문제를 꼼꼼히 체크하고 다시 풀어본 게 효과가 있었던 것 같아", "요즘 매일 조금씩 공부를 꾸준히 한 게 효과가 있었던 것 같아. 그치?"처럼 아이의 노력에 초점을 맞춘 칭찬을 해주어야 한다. 그래야 아이는 자신의 능력이 부족하다는 것을 들킬까 봐 불안해하지 않으며, 실수나 실패가 예상되어도 도전할 수 있게 된다. 그리고 자신의 실력 향상에 도움이 되는 어려운 문제에도 도전할 수 있는 것이다.

과정을 강조하는 칭찬

우리가 흔히 하는 칭찬은 결과에 초점이 맞추어져 있다. "100점 받았구나! 정말 잘했어." "몇 등 했니? 그 정도도 잘한 거야!" "여보 ~ 연수가 대회에서 상을 받아 왔어요. 칭찬 좀 해줘요." 이런 칭찬은 노력한 과정을 생략한 채 결과만 칭찬하는 것이다.

노력한 과정은 무시하고 좋은 결과에 대해서만 칭찬을 하면 아이는 약간 어렵고 도전적인 과제보다는 칭찬받기 쉬운 단순한 과제만 좋아하게 된다. 또 부정한 방법을 써서라도 결과만 좋게 만들려는 태도를 갖기 쉽다. 그래서 커닝을 하거나 시험 점수를 조작하는 행동을 해서라도 부모를 기쁘게 하려고 애쓴다.

노력을 강조하다 보면 자연히 과정도 함께 강조될 수 있다. 상장을 받지 못했어도, 1등이 아니어도, 100점이 아니어도 열심히 노력했다면, 노력한 그 과정에 초점을 맞추어 칭찬해줄 때 아이는 결과를 두려워하지 않고 공부하는 과정을 즐기며 꾸준히 공부에 집중할 수 있다.

또한 기대에는 못 미치더라도 약간의 진전이 있다면 그 점을 부각해서 칭찬해줘야 한다. 예를 들어, 늘 70점대의 받아쓰기 점수를 받던 아이가 80점을 받아 온 날, 엄마가 "야! 잘했네. 다음번에 더 잘해서 100점 맞자!"라고 한다면 이것은 과정보다는 결과에 초점을 맞춘 반응이고, 엄밀하게는 칭찬이라고 할 수도 없다. 이런 반응은 아이가 노력해서 얻은 성과에 기쁨과 성취감을 느낄 시간도 주지 않은 채 더 높은 목표를 제시하는 게 되어서 아이를 지치게 만들 수 있다.

"이것 봐. 너도 잘할 수 있잖아. 엄마가 집중해서 선생님이 불러주시는 거 들으랬지? 엄마 말 잘 들으니까 성적도 오르고 좋잖아"라고 말하는 엄마도 많이 있다. 이것 역시 아이의 노력에 초점을 맞추기보다는 엄마 자랑을 하는 게 되어 아이는 성취감을 느끼지 못하게 된다.

하지만 "야! 80점을 받았구나. 교과서 먼저 보고 문제집을 한 번

본 게 효과가 있었나 보다. 아주 잘했어!"라고 말하며 아이가 노력한 과정에 초점을 맞춰 칭찬해주면, 아이는 '다음번엔 문제집에서 틀린 문제를 한 번 더 확인한 후에 시험을 봐야겠어!' 하며 더 나은 방법을 스스로 찾게 된다.

행동을 강조하는 칭찬

칭찬을 할 때는 어떤 행동 때문에 칭찬을 받는 것인지 아이가 명확히 알도록 해야 한다. 이미 많은 부모가 책, 강연, 미디어 등을 통해 칭찬의 중요성을 들어왔기 때문에 아이에게 칭찬을 많이 해주고 있는데, 아이가 잘한 행동에 대해 구체적으로 칭찬하기보다는 "착하다", "예쁘다", "똑똑하다"와 같이 두루뭉술하게 칭찬을 하는 경우가 많다.

이런 두루뭉술한 칭찬은 두 가지 유형의 부작용을 낳기 쉽다. 하나는 지나치게 자기중심적인 아이를 만드는 것이다. 자기중심적인 아이는 세상 사람들 모두 자신을 좋아해야 하고 자신이 늘 주인공이 되어야 한다고 믿는다. 자신이 좋은 행동을 해야 칭찬을 받는 것이 아니라, 자신의 모든 행동은 다 칭찬받을 만하다고 생각하는 것이다. 그래서 주변 사람들에게 주목이나 칭찬을 받지 못하면 그들의 관심을 끌기 위한 엉뚱하고 과장된 행동을 하기 쉽다.

또 다른 부작용은 이른바 '착한 아이good boy'로만 살려고 하는 것이다. 이런 아이들은 두루뭉술한 칭찬이 내포하는 바람직한 사람이 되기 위해 지나치게 자신의 욕구를 억압하며 부모나 세상의 기준에 자신을 맞추려고 애쓴다. 착한 사람이 되기 위해 애쓰는 것이 무슨 문제가 있을까 싶지만 사실 사람이 살다 보면 때론 거짓말을 할 때도 있고 핑계를 대야 할 때도 있으며 어쩔 수 없이 약속을 깨야 할 때도 있게 마련이다. 그런데 이런 아이들은 바람직한 행동을 해야 한다는 부담감과 바람직하지 못한 행동을 했을 때 갖는 죄책감이 지나치게 크기 때문에, 쉽게 긴장하고 불안을 느끼게 된다. 그래서 사람들이 쳐다보거나 평가를 받는 상황에서는 특히 더 긴장해서 집중하지 못하게 되는 것이다.

행동 중심의 칭찬은 아이가 무엇을 어떻게 잘했는지에 대해 구체적으로 알려주는 칭찬이다. "와~ 잘했네. 아이 착해!"가 아니라 "글씨를 또박또박 쓰려고 애썼구나. 연필 잡는 자세가 훨씬 좋아졌네", "오늘은 엄마가 잔소리하기 전에 벌써 씻고 나왔네. 깨끗하니까 참 좋다", "와! 문제를 연습장에 풀었구나. 선생님이 알려준 대로 책은 깨끗하게 두고 연습장에 풀었네!", "와! 오늘은 방이 깨끗하네! 책상도 깨끗하고. 공부한 책도 책꽂이에 가지런히 꽂아놨네!"라고 말하면 아이는 칭찬받기 좋은 행동과 그렇지 못한 행동에 대한 기준을 갖게 된다. 그리고 어떤 행동을 하면 칭찬받는지를 알게 되기 때문에 아이는 칭찬받은 그 행동을 다음에 더 많이 하려고 한다.

다양한 영역에서 골고루 칭찬하기

모든 칭찬은 기분을 좋게 하지만 사람마다 특히 더 좋아하는 칭찬이 있다. 예를 들어, 어떤 아이는 공부와 관련된 칭찬을 좋아하는 반면 어떤 아이는 외모에 대한 칭찬을 더 좋아한다. 그래서 어떤 아이는 "너는 참 똑똑하구나. 구구단도 벌써 다 외웠다면서?"라는 칭찬을 더 좋아하고 또 어떤 아이는 "와! 너는 분홍색 옷이 너무 잘 어울린다. 피부가 하얗고 예뻐서 그렇구나!"라는 칭찬을 더 좋아한다. 아이가 특히 더 좋아하는 칭찬이 있으면 그 영역의 칭찬을 자주 해주는 것도 좋지만 칭찬이 너무 한쪽으로만 치우치면 독이 될 수 있다.

서울대학교에서 대학생 상담을 했을 때 공부 하나로만 칭찬을 들었던 아이들이 학교에 적응하지 못하는 사례를 종종 만났었다. 고등학교를 졸업할 때까지 늘 높은 성적으로 주목을 받고 칭찬받아왔는데 막상 서울대학교에 입학해보니 자기 말고도 공부 잘하는 사람이 너무 많은 것이 문제가 된다. 오히려 학교에는 공부도 잘하고 말도 잘하고 성격도 좋고 얼굴도 잘생긴 사람들이 수두룩하니 자신이 한없이 초라해 보이고 보잘것없게 느껴져 위축되는 것이다. 공부라도 더 열심히 해서 자신감을 회복하려고 하지만 그럴수록 딴생각만 들고 도무지 공부에 집중을 하지 못해 심한 우울증에 시달리는 학생도 있었다.

이들은 어릴 때부터 공부 이외의 것으로는 칭찬을 거의 받아본적이 없는 학생들이었다. 한 개의 다리만으로 버티고 있는 탁자를 떠올려보면 한 영역에만 치우친 칭찬이 얼마나 위험한지 알 수 있다. 탁자 전체를 지탱하는 그 하나의 다리가 부실해지거나 부러지게 되면 그 탁자는 못 쓰게 된다. 하지만 10개의 다리가 받치고 있는 탁자는 1개의 다리가 부러져도 끄떡없다. 부러진 다리를 고치는 동안 나머지 다리가 탁자를 지탱해줄 수 있기 때문이다. 공부를 잘하는 아이, 얼굴이 예쁜 아이, 운동을 잘하는 아이 등 특별히 주목받기 쉬운 재능을 가진 아이일수록 그 영역 이외의 다른 영역에서 칭찬거리를 찾아 칭찬해주어야 한다.

공부도 못하고, 얼굴도 그저 그렇고, 운동도 별로인 아이라면 더더욱 칭찬이 필요하다. 공부를 좀 못하더라도 노래를 잘하고, 노래 대회에서 상을 못 받더라도 다른 사람을 잘 배려하고, 다른 사람에 대한 배려심은 부족하지만 책임감이 강하고, 가끔 자기 일을 미룰 때도 있지만 편식하지 않아 몸이 튼튼하고……. 칭찬거리는 찾으려고만 하면 무궁무진하다. 부족하고 아쉬운 점만 보지 말고 다양한 영역에서 아이의 칭찬거리를 찾아보자.

말뿐만 아니라 행동이 함께하는 칭찬

말로만 하는 칭찬보다는 환한 미소, 따뜻한 눈빛, 쓰다듬기, 뽀뽀, 안아주기, 다독거리기 등이 뒤따르는 칭찬이 훨씬 효과적이다. 의사소통 연구자인 앨버트 메라비언Albert Mehrabian의 연구에 따르면

의사소통 과정에서 말의 내용이 영향을 미치는 비율은 7퍼센트에 지나지 않는다고 한다. 말의 내용보다는 말투나 목소리의 고저, 강약, 억양 등(38%)과 눈빛, 몸짓, 자세 등의 몸동작(55%)이 훨씬 더 큰 영향을 미치는 것이다. 말로만 건성으로 칭찬하기보다는 행동이 함께하는 칭찬이 더 효과적인 이유이다.

눈은 텔레비전을 향해 있으면서 "응, 잘했네! 다 푼 학습지 식탁 위에 올려놔"라고 말하는 것보다는 "우와, 정말 잘했네! 어디 보자"라고 하면서 환한 미소로 아이의 어깨를 토닥여준다면 아이는 세상을 다 얻은 것과 같은 성취감을 느끼게 된다. 약간은 과장돼 보이더라도 환하게 웃으면서 들뜬 목소리로 꼭 껴안아 주며 하는 칭찬이 아이에게는 더 잘하고 싶은 마음을 불러일으킬 것이다.

또한 보상을 통해 아이가 성공의 기쁨을 충분히 느끼도록 하는 것이 좋다. 과하지 않은 보상을 통해 아이가 자신이 한 행동을 뿌듯하게 여기고 다음에 그 행동을 더 하고 싶어 하게 만드는 것이다. 보상은 아이가 좋아하는 음식을 해주거나 작은 장난감을 사줄 수도 있고 용돈을 주는 것도 가능하다. 돈을 들이지 않더라도 좋아하는 활동 시간을 늘려주거나 부모가 함께 놀아주는 것도 좋은 보상이 될 수 있다.

칭찬 습관 만들기 프로젝트

"저도 칭찬이 좋다는 건 아는데 그게 쉽지 않아요. 우리 집에 와서 하루만 살아보세요. 정말 칭찬할 거리가 없어요.”

상담을 하면서 종종 듣는 말이다. 정말 그럴까? 아무리 칭찬할 게 없는 아이도 24시간 사고만 치지는 않는다. 어쩌다 한번 얌전하게 앉아 책을 보기도 한다. 부모는 그 순간을 놓치지 말고 칭찬해줘야 한다. 야단거리보다는 칭찬거리 찾기가 더 힘든 아이라 할지라도 그럴수록 소소한 것이라도 찾아내서 꼭 칭찬을 해줘야 집중력이 높아진다.

“속으로는 잘했다고 생각하고 기쁘기도 해요. 그런데 그걸 다 말하진 않죠. 제가 말을 안 해도 아이는 알지 않을까요?”

부모가 말하지 않아도 부모의 속마음을 읽고 부모가 자신을 얼마나 자랑스러워하고 사랑하는지 아는 아이도 있지만 모르는 아이도 있다. 문제는 모르는 쪽에 더 많은 아이들이 속해 있다는 것이다. 하물며 어른들도 말하지 않으면 모르는데 아이들은 더 모를 수밖에 없다. 그러니 마음속 말을 입을 통해 전달해줘야 한다.

아이에게 칭찬거리가 없어서이건, 굳이 말하지 않아도 아이가 알고 있을 것이라 믿어서이건 아이에게 칭찬하는 것이 어렵고 실천이 잘 안 된다면 오늘부터 3주간 칭찬 프로젝트를 시작해보자.

프로젝트는 간단하다. 하루 세 번 칭찬하기! 딱 세 개만 앞에서 살펴본 약이 되는 칭찬법으로 칭찬하고 기록하는 것이다. 부모인 우리가 어릴 때부터 자연스럽게 칭찬받는 문화에서 자랐다면 일부러 애쓰지 않아도 칭찬을 수월하게 할 수 있겠지만, 그렇지 못했던 대부분의 우리는 칭찬도 배우고 익혀야 잘할 수 있다.

이 프로젝트는 아이와 함께하는 것이 좋다. 엄마가 오늘부터 매일 세 개 이상의 칭찬을 하려고 마음먹었으니 혹시 칭찬받을 만한 행동을 했는데도 엄마가 못 알아차리고 칭찬을 하지 않으면 알려달라고 부탁하는 것이다. 속으로는 대견하게 생각하면서도 입 밖으로 꺼내서 칭찬하지 못했던 지난날을 미안하게 생각한다는 말을 덧붙여도 좋다. 아이는 '엄마가 갑자기 왜 이러지? 새삼스럽게' 하면서도, 엄마에게 칭찬받기 위한 행동을 일부러 더 하려고 애쓰고 칭찬을 기다릴 것이다.

수첩 하나를 정해서 거기에 매일 내가 한 칭찬과 함께 아이의 반응을 기록해보자. 칭찬을 할 때마다 써도 되고 하루를 마무리하는 시점에 몰아서 써도 괜찮다. 단, 잠자리에 들기 전에 수첩을 확인해서 칭찬의 개수를 세고, 모자란 칭찬은 아이가 잠들기 전에 꼭 해야 한다. 없다면 만들어서라도 해야 한다. "오늘 아침에 좀 허둥지둥하긴 했지만, 네 가방 잘 챙겨 가서 참 좋았어. 엄마가 안 챙겨줘도 너 혼자 잘하더라", "참! 아까 숙제하는 거 보니까 글씨가 많이 반듯해졌더라. 글씨 때문에 걱정이 좀 됐었는데 오늘처럼만 쓰면 걱정 안 해도 되겠던데!" 하며 빠뜨린 칭찬을 해주는 것이다. 칭찬할 거리가 도저히 떠오르지 않는다면, "오늘도 건강하게 잘 커줘서 고마워", "아들! 오늘도 열심히 잘 살았어! 힘들었지!" 하며 감사나 격려를 해주어도 좋다.

쓰는 것이 번거롭고 부담스럽다면 생각만이라도 떠올려보며 손가락으로 칭찬의 개수를 세어보자. 그리고 그 칭찬이 얼마나 좋은 칭찬이었는지 평가해보는 것이다.

1. 노력을 칭찬했나?
2. 과정을 칭찬했나?
3. 구체적인 행동에 대해 언급했나?
4. 어느 영역의 칭찬인가?
5. 말뿐만 아니라 행동으로도 칭찬했나?

딱 3주만 이렇게 노력해보자. 그러면 나도 아이도 칭찬에 익숙해지게 된다. 더 이상 기록하거나 의식적으로 떠올리지 않아도 자연스럽게 칭찬을 할 수 있게 될 것이다. 그리고 분명 아이의 변화도 보이기 시작할 것이다.

Tip 아이와 함께하는 칭찬 놀이 '좋은 점 빙고게임'

아이에게 보다 적극적으로 칭찬을 해주고 싶다면, 아이와 함께 '좋은 점 빙고게임'을 해보자. 빙고게임은 가로 5칸과 세로 5칸으로, 모두 25칸의 네모 칸이 그려진 종이만 있으면 어디서든 간단하게 할 수 있다. 나라 이름, 가수 이름, 꽃 이름 등을 소재로 빙고게임을 하는 것과 방법은 똑같다. 다만 빙고게임의 소재가 아이의 좋은 점이라는 것만 다르다.

25칸의 빙고판이 그려진 종이를 아이와 하나씩 나눠 갖고, 아이와 함께 아이의 좋은 점을 빙고판에 적는 것이다. 빙고판을 채우려면 부모는 아이의 좋은 점을 25개 떠올려야 한다. 아이 역시 마찬가지이다. 자신의 좋은 점 25가지를 적어야 하니 평소 생각하지 못했던 자신의 장점까지 떠올려야 한다.

대부분의 아이들은 자신의 좋은 점을 25개까지 적는 것을 잘 못한다. 그래서 처음에는 주저하거나 머뭇거리게 되는데, 이때 엄마나 아빠가 아이의 좋은 점을 열심히 적으며 "너 줄넘기 잘하잖아. 엄마는 그것 적고 있어" 하며 힌트를 주는 것도 좋다.

좋은 점을 너무 거창하게 생각하지 않도록 해야 많이 적을 수 있다. '친구 이름을 잘 외운다', '매운 음식을 잘 먹는다', '분홍색이 잘 어울린다', '잘 웃는다'와 같이 사소해서 놓치기 쉬운 좋은 점들을 많이 발견할수록 좋다.

25개의 좋은 점을 다 적은 뒤에는 순서를 정해서 한 사람씩 자신이 적은 것을 말하면서 빙고게임을 진행하면 된다. 한 사람이 자신이 적은 좋은 점을 이야기하면서 그 칸에 동그라미나 빗금 등으로 표시를 한다. 다른 사람은 그 사람이 이야기하는 좋은 점이 있는 경우에만 해당 칸에 표시를 하고 그렇지 않은 경우에는 아무 표시를 하지 않는다. 순서를 바꿔가며 적은 것을 불러주고 표시하는 것을 반복한다. 빙고는 가로, 세로, 대각선으로 연결되는 5개의 줄을 5개 먼저 만드는 사람이 이긴다.

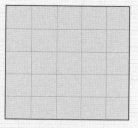

아이의 좋은 점으로 빙고게임을 한 후에는 같은 방식으로 엄마의 좋은 점, 아빠의 좋은 점으로도 빙고게임을 할 수도 있다. 각자의 좋은 점을 써서 가족 모두가 함께 해도 재미있게 할 수 있다.

자기통제력을 높이는
self-talk

self talk의 힘

아침 6시 30분, 알람시계가 요란하게 울린다. 피곤한 몸을 억지로 일으키며 생각한다. '몇 시지? 음, 일어나야지. 5분만 더 누워 있자. 아, 이러다 또 늦겠다. 오늘은 오전에 중요한 약속이 있으니까 조금 더 서둘러야겠다. 그런데 뭘 입지?'

늦은 저녁을 준비하면서 생각한다. '벌써 저녁 할 시간이네. 오늘은 뭘 하지? 그냥 간단하게 된장찌개만 끓일까? 생선은 해동하기 귀찮으니까 계란말이나 해줘야겠다. 그런데 얘는 왜 이렇게 안 오는 거야? 학원에 전화해볼까? 또 중간에 새서 어디서 놀고 있는 거 아냐? 도대체 커서 뭐가 되려고 이러는지. 어휴, 내 팔자야.'

우리는 의식하든 의식하지 못하든 이런 혼잣말을 속으로 하며 생활한다(학자들은 이것을 자기 대화self-talk 혹은 내적 대화internal dialogue 라고 이름 붙여 연구한다). 전화번호나 지명을 잘 기억하기 위해 일부러 혼잣말을 소리 내어 중얼거리기도 하고, 어떤 때는 혼자 속으로 말하던 것이 불쑥 입 밖으로 튀어나와 본인은 물론이고 주변 사람들까지 당황하게 만들기도 하지만, 대체로는 다른 사람 귀에는 안 들리는 속말을 자기 자신과 주고받으며 생활한다. 내가 나 자신과 끊임없이 대화를 하고 있는 셈이다. 나와의 대화, 즉 self talk는 일반적인 대화처럼 주고받는 형식을 띠진 않지만, 내 생각과 느낌 그리고 행동까지 인식하고 조절하는 역할을 한다.

집중력 역시 self talk의 영향을 받는다. 주어진 상황에 적절한 self talk를 하면서 자신의 생각을 정리하고 느낌을 조절하면서 행동까지 통제할 수 있을 때 높은 집중력이 발휘될 수 있기 때문이다.

사람이 갓 태어났을 때는 혼잣말은 물론 입 밖으로 내뱉는 말도 하지 못한다. 인간은 언어를 배울 수 있는 능력은 갖고 태어나지만 언어 자체를 갖고 태어나지는 않기 때문이다. 그래서 어린아이들은 엄마나 다른 사람들의 말을 통해서 자기를 조절하게 된다. 오줌을 눌 마음이 없었던 아기도 엄마가 기저귀를 벗기며 "자, 쉬하자. 쉬이"라고 하면 오줌을 누는 것이나, "꼭꼭 씹어 먹자. 조금씩 떠서 입속으로 아아. 냠, 냠. 우리 아기 잘 먹네"라고 하는 엄마의 말에 아이가 입을 오물오물하는 것은, 다른 사람의 말을 통해 자기 조절을 하는 단계의 아이들이 엄마의 언어를 통해 자신의 행동을 조절하는 과정이다.

아이들이 말을 배우기 시작하는 두 살 이후에는 서서히 자기 입을 통해 나오는 자신의 언어로 스스로를 조절하게 된다. "그만 먹을 거야!"라고 하며 숟가락을 놓거나, "엄마, 나 이제 이거 한 번만 더 해도 돼?"라고 하는 입 밖으로 나오는 말은 자기 자신은 물론 상대에게도 자신의 생각과 느낌을 알리고 행동을 조절하게 만드는 역할을 한다.

차츰 아이들의 말은 입 밖으로 나오는 말과 입 밖으로 나오지는 않지만 속에서 혼자 하는 말로 구분되기 시작한다. 만 5~7세부터는 self talk를 통해 자기 자신을 조절할 수 있게 된다. 자기 자신과의 대화가 많아지면 엄마에게 야단을 맞는 동안에 '치이, 엄마는 매번 잔소리야'라고 속으로 생각하며 입을 삐죽거리기도 하고, '울지 말아야지. 울면 더 혼날지도 몰라. 울고 싶어도 꾹 참을 거야'라고 하며 자신의 생각과 느낌을 조절하고 행동을 통제할 수 있게 된다.

집중력이 높은 사람은 이런 self talk를 많이 한다. 그러나 집중력이 낮은 사람은 self talk 자체를 그다지 많이 하지 않는다. 멍하니 아무 생각 없이 있는 것이 바로 self talk를 안 하고 있는 상태이다.

또한 집중력이 높은 사람은 현재 해야 하는 활동과 관련된 self talk 를 많이 하지만, 집중력이 낮은 사람은 해야 하는 활동과 관련이 없 는 것에 대한 self talk를 많이 한다. 숙제를 하다 말고 딴생각이나 공상에 빠지는 것은 주어진 활동과 관련이 없는 self talk를 하는 것 이다. 그러니 집중력을 높이기 위해서는 주어진 활동과 관련된 self talk를 적극적으로 하도록 유도해야 한다.

올림이 있는 두 자릿수 덧셈할 때를 예로 들어보자. 집중력이 높 은 아이들은 '37 더하기 15는? 두 자릿수 문제네. 어떻게 해야 하 지? 일의 자리부터 먼저 더해야지. 7 더하기 5는 12니까, 2는 여기 쓰고, 1은 올려주고. 잊어버리지 않게 여기에다 작은 글씨로 써놓 고, 이제 십의 자리를 더해야지. 3 더하기 1은 4. 아차! 작은 글씨로 되어 있는 1을 깜빡할 뻔했네. 4에다 1을 더하면 5니까 여기에 쓰 면……. 52가 되는구나. 아! 한 문제 풀었다. 이제 다음 문제를 풀어 볼까? 몇 문제나 남았지? 일곱 문제만 더 하면 되니까 얼른 하고 놀 면 되겠다' 같은 self talk를 하며 한 문제씩 풀어나간다.

하지만 집중력이 낮은 아이들은 아무 생각 없이 멍하니 문제만 쳐다보며 self talk를 전혀 하지 않거나 '아이, 하기 싫은 수학 문제. 이런 건 도대체 누가 만들었을까? 내가 그 사람보다 먼저 태어났더 라면 이런 지겨운 거 안 해도 될 텐데. 어휴! 지영이는 내일 놀이동 산 간다고 하던데. 아, 나도 놀이동산 가고 싶다. 이따 피아노 학원 가야 하는데 연습 안 했다고 또 혼나면 어쩌지. 아이 참……'이라고 하며 지금 해야 하는 일과 관련이 없는 엉뚱한 self talk를 하면서 시간을 허비하게 된다.

한국집중력센터에서는 집중력 향상 프로그램에서 5단계 생각법을 가르쳐 아이들이 과제와 관련된 self talk를 더 많이 하도록 유도한다. 5단계 생각법은 문제 정의, 계획 수립, 중간 점검, 끝난 후 점검, 칭찬과 격려하기 등의 다섯 단계를 모든 활동 과정에 적용해서 스스로 자신의 생각과 느낌을 조절하고 행동을 통제할 수 있도록 하는 것이다. 5단계 생각법은 부모가 가정에서 아이에게 질문을 던지고 아이와 대화하면서 자연스럽게 가르칠 수도 있다.

아이에게 질문을 던지고 대화를 주고받는 과정에서 아이는 자신이 해야 할 활동을 떠올리고 계획을 세우며 자신의 행동을 모니터링하는 데 필요한 self talk를 한다. 그리고 이 과정을 반복하다 보면 더 이상 부모가 질문을 하지 않아도 혼자서 묻고 대답하는 과정을 주고받으며 자신의 행동을 조절하는 힘을 키우게 된다.

대화를 통해 아이에게 5단계 생각법을 가르치기 위해서는 아이에 대한 믿음이 있어야 한다. 내가 하나하나 알려주고 챙겨주지 않아도, 강요하고 감시하지 않아도 아이는 자신에게 가장 중요하고 필요한 것이 무엇인지를 판단하고 선택할 수 있는 능력을 가지고 있다는 믿음. 아이 역시 잘하고 싶은 마음, 발전하고 싶은 마음을 가지고 있다는 믿음이 있어야 한다. 이런 능력과 마음이 행동으로 이어지게 하기 위해 부모의 도움이 필요한 것이고, 부모는 그 도움을 주기 위해 5단계에 맞춰 질문을 하는 것이다. 그러니 아이의 변화를 성급히 기대하지 말고, 꾸준히 반복적으로 시도하면서 점진적인 행동 변화를 기대해야 한다.

[1단계] 문제 정의: 무엇을 해야 하나?

문제 정의는 공부를 시작하기 전에 '무엇을 해야 하지?', '풀어야 하는 문제가 뭐지?', '해야 할 게 무엇 무엇이지?' 등의 질문을 스스로에게 하는 것이다. 자신이 던진 이 질문에 대한 대답을 찾으면서 아이는 공부할 과목과 내용, 분량 등을 정하게 된다.

대부분의 아이들은 무엇을 해야 하는지 스스로 결정해서 하기보다는 엄마나 선생님이 시키는 대로 하는 것에 익숙해져 있기 때문에 처음에는 이런 질문에 대답하는 것을 많이 힘들어한다. 엄마가 "오늘 해야 하는 게 뭐가 있니?"라고 질문하는데 "예? 몰라요"라고 하며 시큰둥하게 대답하거나, 의아한 눈으로 엄마를 쳐다본다면 그만큼 아이가 그동안 다른 사람이 대신 정해준 것에 익숙해져 있었기 때문일 것이다.

아이가 선뜻 대답을 못 한다고 해도 아이가 자신이 해야 할 일을 모른다고 단정 지어서는 안 된다. 갑자기 주어진 질문에 당황하거나, 혹시 엄마가 무슨 다른 꿍꿍이를 가지고 질문을 하는 것이 아닌가 경계해서 대답을 못 할 수도 있다.

아이는 "할 거 없는데요"라고 하거나 "음, 학원에 가야 하는데요"라고 하면서 부모의 질문 의도와 다른 대답을 하기도 한다. 이때 부모는 화를 내거나 아이 생각을 무시하지 말고, "그래? 엄마 생각에는 학교 숙제를 하고 한자 학습지를 풀어야 할 것 같은데……", "오늘 학원 가야 하니까 가기 전에 영어 CD도 들어야 하지 않니?" 하고 이야기해줄 수 있다.

이때 주의할 것은 강압적이거나 지시적인 태도로 말해서는 안 된다는 것이다. 그냥 객관적인 입장에서 그런 것이 있다고 알려주는 것처럼 보여야 한다. 그러면 아이들은 "아, 맞아요. 그런데 오늘은 학교 숙제 없어요. 선생님이 안 내주셨어요"라고 하기도 하고, "영어 CD는 어제 들었어요. 오늘은 안 들어도 되는데요"라고 말하기도 한다.

이럴 때 부모는 "그래? 숙제 없으면 오늘은 학습지 한 장 더 해"라고 하거나, "어제 영어 CD를 언제 들었니? 또 거짓말하는 거 아니냐? 어제 들었어도 오늘 한 번 더 듣고 가. 다른 애들은 서너 번씩 듣는다더라" 하고 말하고 싶다. 그러나 이런 말은 하지 않는 것이 좋다. 이렇게 말하면 아이는 엄마가 "오늘 해야 할 게 뭐가 있니?"라고 묻는 것은 엄마가 자신의 생각을 듣고 존중하기 위해서가 아니라 조금 더 교묘한 방법으로 더 많은 것을 시키기 위해서라고 믿게 된다.

부모는 아이가 잊어버렸거나 미처 생각하지 못하고 있는 것들을 말해주는 역할만 해야 한다. 이것 역시 아이가 공부나 그 밖의 자기 일을 스스로 처리하도록 하기 위한 연습이다. 이렇게 반복하다 보면 나중에는 엄마가 묻기 전에 아이가 머릿속으로 스스로에게 묻고 대답하게 된다.

무엇을 해야 할지가 결정되면 아이와 함께 그것을 써놓는 것이 좋다. 조그마한 화이트보드에 오늘 해야 할 일을 써서 아이 책상 앞이나 현관 등에 걸어놓거나, 들고 다닐 수 있는 작은 수첩에 쓰도록 할 수도 있다. 그러면 엄마가 잔소리를 하지 않아도 아이는 자기가 해야 할 일이 무엇인지 눈으로 확인하고 생각할 수 있다. 매일 일과가 비슷하다 하더라도 구체적인 내용이나 해당 페이지를 적어놓는 것이 좋다. 그냥 '수학 문제집'이라고만 쓰지 않고 '수학 ○○문제집 34~36쪽'이라고 적는 것이다.

이때 무엇을 해야 하는지를 결정하는 과정에서 아이에게 주도권을 주는 것은 매우 중요하다. 일방적으로 엄마 생각을 적어놓거나 엄마 생각대로 아이를 유도하면 효과가 나타나지 않는다. 가이드라인을 정해주는 것은 좋지만, 최종 선택은 아이가 생각해서 판단하고 결정한 것이어야 한다. 아이에게 주도권을 주는 것은 생각하는 힘을 길러주는 연습과정이라고 생각하며 가능한 한 아이의 생각을 많이 반영할수록 좋다.

[2단계] 계획 수립: 어떤 방법으로 할까?

무엇을 해야 할지가 결정되면 어떤 방법으로 하면 그것을 더 잘할 수 있을까를 생각해야 한다. 크게 봤을 때는, 해야 할 여러 가지 일들을 어떤 순서대로 어느 정도의 시간 내에 끝낼지에 대한 계획을 세우는 것이고, 세부적으로는 해야 할 일을 시작하기 전에 그것을 어떤 방식으로 할지를 결정하는 것이다.

오늘 아이가 해야 할 일이 학교 숙제, 학습지, 영어 CD 듣기라고 하자. 그러면 부모는 아이가 학교에서 오자마자 숙제부터 끝내놓고 학습지를 푼 뒤에 저녁을 먹고 자기 전에 영어 CD를 들었으면 한다. 그리고 아이에게도 그렇게 하라고 여러 차례 얘기한다. 이때 대부분의 아이들은 "예"라고 대답하지만 그 말을 행동으로 옮기지는 않는다. 혹은 "이따 할게요"라고 말하면서 계속 미룬다. 이런 아이를 옆에서 지켜보는 부모는 답답하고 초조해진다.

5단계 생각법의 1단계 문제 정의에서 아이와 해야 할 일에 대해 충분히 얘기하고 그것을 화이트보드나 수첩에 적었다면, 이번 단계에서는 각각의 활동에 걸리는 시간을 생각해보도록 아이에게 질문한다. "오늘은 숙제하는 데 시간이 얼마나 걸릴 것 같니?", "보통 너 학습지 한 장 하는 데 몇 분 걸리지?", "영어 CD는 20분짜리지? 듣고 나서 문제까지 푸는 데는 시간이 얼마나 걸리니?"라고 하며 각 활동별 소요 시간을 예상하는 훈련이다.

아이들은 어른만큼 시간개념이 없기 때문에 이런 질문에 대답을 잘 못 한다. 보통 한 시간 이상 붙들고 있어야 끝나는 일도 "금방 해요. 한 20분?"이라고 말하기도 하고, 30분이면 끝낼 수 있는 것도

"한 시간요"라고 말한다. 이때 "바보같이 그런 계산도 못 하니?"라고 말하거나 "말도 안 되는 소리 하지 마. 너 평소 하는 거 봐서는 3시간도 모자라겠다"라는 식의 말은 삼가야 한다.

대신 아이의 예상 시간을 그대로 인정해주고 엄마의 생각을 말해주면 된다. "그래, 20분 정도? 엄마는 최소한 40분은 해야 할 것 같은데……"라고 하면서 화이트보드에 서로의 예상 시간을 나란히 적어놓는다. 간혹 아이가 "글쎄, 해봐야 알 것 같은데요"라고 말하거나 "모르겠어요"라고 말하는 경우가 있다. 이때는 정확하지 않아도 대충 시간을 적어보자고 하거나 엄마의 예상 시간만 적어놓아도 된다.

마지막으로 그것을 언제 할지 아이로 하여금 생각하게 한다. 이때에도 엄마가 언제 할지를 결정하면 안 된다. 아이 스스로 생각하게 해야 한다. 엄마의 바람대로 "숙제부터 하고 놀게요"라고 말하지 않더라도 아이의 계획을 끝까지 존중해야 한다. 중요한 것은 자신이 해야 할 일을 하느냐 하지 않느냐의 문제이지 언제 하느냐가 아니다.

아이는 이런 과정을 통해 자신이 숙제하기 가장 좋은 시간과 영어 CD 듣기에 가장 좋은 시간을 알게 된다. 물론 시행착오를 거치겠지만 이런 과정은 시간을 가늠하고 시간에 맞추어 행동을 조절하는 방법을 터득하게 한다. "수학 먼저 끝낸다더니 왜 한자 학습지를 꺼내 들고 있니?", "영어 CD 확실히 들은 거야? 듣지도 않고 문제

오늘의 할 일						
항목	분량	내 예상 시간	엄마 예상 시간	언제 할까?	점검
학교 숙제 쓰기	38~40쪽	30분	50분	학원 가기 전	O
수학 학습지	2~13쪽	1시간	40분	저녁 먹고	X
영어 공부	5과 CD 듣기	30분	30분	7시 30분	O

최종 점검 시간: 9시 30분

부터 풀면 어떻게 해!" 하며 간섭하고 잔소리하면 안 된다.

계획을 세울 때 '언제 점검을 할지', '점검을 할 때는 무엇을 기준으로 할지'를 미리 알려주며 점검 시간과 기준을 설정하는 것도 중요하다. 몇 시에 부모가 점검을 할 것인지, 어떤 기준으로 완성도를 평가할 것인지를 미리 알려주는 것이다. 아이에게 자기가 원하는 순서대로 원하는 시간대에 공부할 자유는 주지만, 부모가 매일 정해진 시간에 최종 상태를 평가해서 부족한 부분은 더 공부하도록 해야 대충대충 건성으로 공부하지 않고 점검 시간 전까지 공부를 마무리하려 애쓰게 된다.

점검 시간은 아이의 하루 평균 공부 시간과 잠자는 시간을 고려해서 여유 있게 정하는 것이 좋다. 만약 아이가 매일 해야 하는 공부들이 대략 1시간 정도 소요되고, 아이가 10시쯤 잠자리에 든다면,

점검 시간은 밤 9시 이전이어야 한다. 그래야 부모는 아이가 1단계에서 적었던 오늘 해야 하는 공부를 하나도 안 끝내고 계속 미루고만 있을 때에도 잔소리하거나 화내지 않고 아이를 관찰할 수 있다. 그리고 점검 시간 이후에는 단호하고 엄격하게 계획했던 공부를 마무리하도록 지도할 수 있다.

기준도 중요하다. 기준이 명확하지 않으면 아이는 공부 분량만 채우고 대충 하려 할 수 있다. 글씨는 어느 정도 또박또박 써야 하는지, 문제는 몇 문제 이상 혼자 힘으로 풀어야 하는지, 독후감은 몇 줄이나 써야 하는지 등을 미리 기준을 정하고, 기준을 만족시키지 못할 경우 글씨를 다시 써야 한다거나 교과서 문제를 다시 풀고 문제집에서 틀린 문제를 풀어야 한다거나 하는 등의 후속 조치도 알려주면 아이는 처음부터 그 기준에 맞춰 제대로 공부를 하게 된다.

글씨는 아이의 평소 글씨 중 좀 낫게 쓴 부분을 찾아서 기준으로 세우는 것이 좋다. 노트나 교과서에 필기되어 있는 글씨 한 부분을 표시해놓거나 오려서 붙여놓고 "앞으로 엄마가 공부 점검을 할 때는 글씨가 이 정도로 또박또박 쓰였는지를 확인할 거야. 이것보다 글씨를 못 쓰면 지우고 다시 써야 해" 하고 알려주는 것이다.

문제집의 경우 스스로 풀 수 있는 문제가 70~80퍼센트 정도 될 수 있게 기준을 세우는 것이 좋다. 서술형 문제만 나오면 읽지도 않고 별표 치고 넘어가고, 덤벙대다 계산 실수를 하는 아이들도 만일 채점을 해서 10문제 중 세 개 이상 틀리면 교과서 문제를 다시 푼

후에 문제집의 틀린 문제를 또 풀게 할 거라고 미리 말해주면 한 번 더 생각하고 한 번 더 확인하는 태도를 갖게 된다.

독후감이나 일기도 몇 줄 이상 써야 한다거나 영어의 경우 책을 보지 않고 불러주는 단어를 받아 쓸 수 있어야 한다거나 하는 기준을 미리 세워놓으면 아이들 입장에서도 '시키는 대로 다 했는데 야단맞는' 억울한 상황을 만들지 않아 좋을 수 있다.

개별 과제에 대한 계획 세우기

개별 과제를 할 때에도 과제를 시작하기 전에 '어떤 방법으로 할까?'를 생각하는 습관을 길러주는 것이 좋다. 아이들은 추상적 사고 능력이 부족하기 때문에 겉으로 보기에 서로 관련이 없어 보이는 것에서 공통점이나 논리적 관련성을 찾는 것을 무척 어려워한다. 이것은 아이가 멍청하거나 생각이 없어서가 아니라 뇌 발달 특성상 어쩔 수 없는 문제이다. 추상적 사고 능력은 아동기 이후 청소년기 후반까지 서서히 발달하기 때문에 아이에게 성인과 같은 수준의 논리력을 기대하기는 어렵다.

때문에 아이에게 질문을 할 때 "어떤 방법으로 하면 좋을까? 예전에 비슷한 것을 했을 때는 어떻게 했니? 어떻게 하니까 더 잘됐던 것 같아?"라고 구체적으로 물어보면서, 이전 경험과 현재의 과제를 연결해주는 것이 좋다. 예전에 해보지 못한 생소한 것일 때는 "이거랑 비슷한 걸 했던 때가 언제였지? 그걸 할 때는 어떻게 했었니?"라고 하면서 서로 다른 두 개 과제의 공통점을 발견해서 효율적인 방법을 찾아내도록 돕는 것이 필요하다.

아이가 "일의 자릿수를 먼저 더해서 여기다 쓰고 10이 넘으면 이렇게 여기 표시를 하고 그다음에 십의 자리를 더하면 돼요"라고 말하면 얼마나 좋을까. 아이가 그냥 멍하니 있거나 엉뚱한 대답을 하더라도 충분히 들어줘야 한다. 그런 뒤에 엄마가 "이런 방법은 어떨까?"라고 제안하듯이 말하는 게 바람직하다. 한두 가지 방법을 힌트 주듯이 알려주면서 아이가 더 많은 생각을 하도록 유도하는 것도 좋다. 하나의 방법을 제시하면서 "이렇게 해!"라고 말하게 되면 아이는 공부를 끝마치더라도 성취감이나 자신감을 갖지 못한다. 아이 자신이 계획한 방법대로 하게 해서 끝까지 잘하는 경험을 심어주는 것이 중요하다.

아이들은 한 번 가르쳐주었다고 해도 그것을 잘 기억하지 못하고 같은 실수를 반복한다. 이때도 소리를 지르거나 짜증을 내면 안 된다. "그럼 네 방법대로 해봐. 엄마가 생각하기에는 이런 방법이 더 좋은 것 같은데 너한테는 네 방법이 더 나을 수도 있으니까. 둘 다 해보고 더 마음에 드는 방법으로 하면 돼"라고 객관적인 태도로 말해야 한다. 아이는 이런저런 방법을 사용해보고 자신에게 가장 맞는 방법을 찾게 된다. 어떤 아이는 올림 된 십의 자릿수를 쓰지 않고 손가락으로 표시해서 암산을 한다. 또 어떤 아이는 1이라는 숫자 대신 점을 하나 그려 넣기도 한다. 어떤 방법을 사용하든지 아이가 수의 개념을 익히고 계산 능력을 높이면 된다. 아이가 부모 방식대로 공부하지 않는다고 해서 문제가 있거나 능력이 없는 것은 아니다.

[3단계] 중간 점검: 계획대로 하고 있나?

'무엇을 해야 하지?'와 '어떤 방법으로 할까?'를 거친 뒤에는 실제 활동에 들어간다. 그 활동은 책을 읽는 것일 수도 있고, 문제를 푸는 것일 수도 있으며, 실험을 하는 것일 수도 있다. 일단 활동이 시작되면 아이에게 말을 걸지 말고 아이 스스로 주어진 과제를 마치도록 하는 게 좋다.

중간 점검은 과제를 수행하는 도중에 과제와 관련이 없는 다른 것을 생각하느라 집중을 못 하고 있거나, 조금 전에 세운 계획을 잊어버리고 다시 예전 습관대로 하고 있을 때 적용해야 한다. 과제를 수행하는 중간중간에 '내가 어떻게 하고 있지? 계획한 대로 잘하고 있나?' self talk를 하면서 자신을 모니터링하도록 하는 것이다. 중간 점검을 잘하는 아이는 자신의 상태를 잘 파악하기 때문에 잠시 딴생각에 빠졌다가도 '아! 내가 딴생각을 하고 있네. 다시 집중해야 겠다' 하며 다시 쉽게 원래 하던 활동으로 되돌아와 집중력을 발휘할 수 있다.

공부하는 도중에 쉽게 산만해지는 아이들의 대부분은 자신이 딴생각을 하고 있다는 사실 자체를 인지하지 못한다. 딴생각으로 한참을 시간을 허비한 후, 혹은 엄마나 선생님의 지적을 받은 뒤에야 그 사실을 알게 된다. 자신이 딴짓이나 딴생각을 했다는 사실을 알게 된 후에도 '또 딴생각을 했구나, 나는 왜 이러지? 나는 뭔가 잘못된 게 아닐까? 나는 왜 매번 이 모양일까?' 생각하며 자책하느라 또 집중을 못 한다.

아이가 계획과 다르게 문제에 접근하거나 딴생각을 하는 것처럼 보일 때는 "중간 점검을 하면서 하고 있는 것 같은데…… 그렇지?", "우리가 계획했던 그 방법대로 하고 있지?", "지금 네가 무엇을 하고 있는지 생각하면서 하면 집중력이 높아진다더라", "혹시 중간 점검 하는 것을 빼먹지는 않았니?" 등의 말을 해주면 된다. "왜 또 딴생각을 하니?", "왜 이렇게 산만해?", "또 엉뚱한 방법으로 하고 있잖아!" 하며 아이를 지적하고 야단치기보다는 중간 점검을 아이 스스로 할 수 있게 "집중해서 하고 있니?" 하고 물어보는 것이 낫다.

[4단계] 끝낸 후 점검: 어떻게 했지?

집중력이 낮은 아이들은 공부나 과제를 시작하는 것도 힘들어하지만 끝낸 뒤에 점검하는 것도 어려워한다. 그래서 빠뜨리거나 엉뚱한 답을 써놓고도 확인할 생각을 하지 못한다. '어떻게 했지?'는 과제를 끝낸 뒤에 정확히 했는지, 실수한 게 없는지, 빠뜨린 것은 없는지 확인하는 습관을 길러주기 위한 질문이다. 책을 덮고 일어서기 전에 다시 한 번 살펴보는 습관을 길러서, 알고도 틀리는 안타까운 상황을 줄이는 것이다.

글씨를 못 알아보게 쓰지는 않았는지, 맞춤법 실수를 하지는 않았는지, 기호를 빠뜨리지는 않았는지 등을 다시 한 번 확인해서 실수를 줄이고, 2단계 때 알려주었던 기준을 떠올릴 수 있게 "엄마가 미리 말해준 기준을 다 채운 거지? 한 번 더 점검한 후에 엄마한테 가져올래?"하며 스스로 점검하는 습관을 들여줄 수 있다.

또 공부를 마무리하기 전에 오늘 공부한 부분을 다시 훑어보면서 가장 중요한 부분, 시험에 나올 것 같은 부분, 이해가 잘 안 되는 부분, 암기가 잘 안 되는 부분 등을 표시하는 습관을 들이는 것도 필요하다. 공부 점검을 함께 할 때 "네가 선생님이라면 이번 단원에서 어떤 문제를 낼 것 같니?", "이 부분의 핵심 문장은 뭐야?", "잘 이해가 안 되는 부분은 없었어? 선생님께 다시 여쭤봐야 할 것 같은 부분은 어디니?", "(단어 테스트를 한 후) 지금 스펠링을 제대로 못 쓴 이 단어들에 밑줄을 그어놓고 일어나자. 이 단어들은 내일 다시 한 번 더 외우도록 하고" 등으로 마무리를 해주면 아이들은 자연스럽게 자신의 공부 정도를 가늠할 수 있게 된다.

끝낸 뒤에 다시 한 번 살펴보는 것은 집중력뿐만 아니라 기억력에도 도움이 된다. 인간의 기억력은 한계가 있기 때문에 망각의 속도를 늦추기 위해서는 반복해서 복습을 해야 한다. 그리고 복습의 효과는 공부 직후에 가장 높다. 학년이 높아갈수록 사회처럼 외울 게 많은 과목을 싫어하는 아이들이 늘어나는데, 암기 과목일수록 공부한 뒤에 책을 덮고 머릿속에 남아 있는 것을 연습장에 한번 적어본 후 마무리하는 습관을 들이는 것이 필요하다.

공부를 했다고 해서 다 알지는 못하며, 안다고 해도 다 외울 수는 없다. 공부를 못하는 아이일수록 공부를 했다는 것, 안다는 것, 외웠다는 것의 차이를 구분하지 못한다. 공부를 잘하는 아이는 공부한 것과 아는 것, 외운 것을 구분할 수 있기 때문에 개념 이해를 다시 해야 하는지, 암기를 더 해야 하는지 판단할 수 있다. 그러니 한정된 시간 내에 자신에게 가장 부족한 부분을 효율적으로 공부할 수 있다.

1, 2, 3단계에서는 되도록 아이의 선택을 존중하고 아이가 하려는 대로 두면서 지켜보는 것이 좋지만, 4단계에는 부모가 권위를 좀 발휘해서 아이에게 습관을 만들어주어야 한다. 아이들은 점검의 의미를 잘 모르고 실천도 어려워한다. 그러니 공부가 끝났다며 바로 일어나는 아이와 마찰이 좀 생기더라도 습관이 잡힐 때까지는 "어떻게 했나 다시 한 번 점검해보자"하며 마무리를 도와주는 것이 좋다.

[5단계] 나에게 칭찬과 격려하기: 잘했어! / 괜찮아!

5단계 생각법의 마무리는 스스로에 대한 칭찬이다. 자존감은 집중력과 밀접한 관련이 있다. 자존감이 높은 사람은 힘들고 어려운 일을 할 때도 높은 집중력을 발휘한다. 자신이 잘해낼 것이라는 믿음과 잘못돼도 크게 문제 될 게 없다는 믿음이 있기 때문이다. 또 자존감이 높은 사람은 자신의 능력을 시험받을 수 있는 도전적이고 어려운 과제를 더 좋아한다.

하지만 자존감이 낮은 사람은 자신은 어차피 못할 거라는 생각과 잘못되면 어쩌나 하는 걱정 때문에 제대로 집중하지 못한다. 이런 사람은 누구나 할 수 있는 아주 쉬운 과제나 아무도 할 수 없는 아주 어려운 과제를 좋아한다. 쉬운 것은 자기처럼 능력 없는 사람도 할 수 있으니까 실패할 확률이 낮고, 아주 어려운 것은 누구나 못하는 것이니 자신이 못하더라도 자기 탓을 하지 않을 수 있어 좋기 때문이다. 결국 잘해도 그만, 못해도 그만인 결과를 낳아 칭찬과 인정 받을 기회를 잃게 된다.

아이의 자존감은 부모와의 관계 속에서 만들어진다. "너는 왜 늘 말썽만 피우니?", "너는 왜 잘하는 게 하나도 없니?", "형한테는 안 되지", "도대체 커서 뭐가 될래?", "엄마 죽고 나면 너 어떻게 살려고 이러니?" 등의 걱정과 질책을 자주 듣는 과정에서 아이는 스스로를 사랑받을 가치가 없고 무능한 사람이라고 믿어버리게 된다.

과제를 끝낸 뒤 "잘했어. 열심히 노력한 덕분이야" 혹은 "괜찮아, 다음번에 더 노력하면 돼"라고 스스로에게 말하게 하는 것은, 아이의 자존감을 높이는 데 도움이 된다. 많은 부모는 아이가 숙제나 문제집 풀기를 끝내는 것은 너무 당연한 일인데 왜 칭찬을 해야 하는지 의아해한다. 어른의 입장에서는 쉽고 누구나 할 수 있는 것처럼 보이는 것도 아이에게는 많은 노력이 필요한 힘든 과정일 수 있다. 게임하고 싶은 마음을 누르고 졸린 것을 참아가며 어렵게 이룬 결과인 것이다. 비록 한 시간 내내 집중하지 못했고 100점은 못 받았지만 아이가 노력한 것은 칭찬받을 만한 충분한 가치가 있다.

아이 스스로 자신을 칭찬하게 하려면 부모가 먼저 아이를 칭찬하고 격려해야 한다. 처음에는 스스로를 칭찬하는 것이 익숙하지 않아 부자연스럽다. 그리고 칭찬받아본 경험이 적은 아이일수록 자신을 칭찬하기를 어려워한다. 하지만 부모가 옆에서 "우리 승민이가 계획대로 차분하게 잘했네. 이제 네가 너한테 칭찬해줘라. '열심히 노력한 덕분이야'라고 해줘"라며 시범을 보이면 아이도 기뻐하면서 스스로 칭찬하는 법을 배운다. 잘 못한 날도 "괜찮아, 오늘은 내용이 많이 어려웠나 보다. 내일은 더 노력해보자" 하며 격려하면 아이도 작은 실수나 실패에 좌절하지 않고 노력을 지속하게 된다.

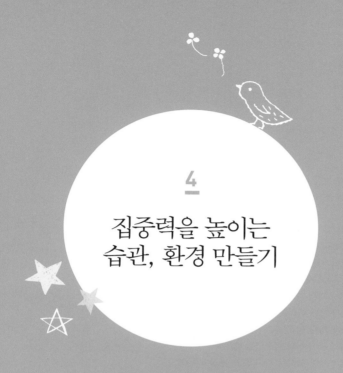

4

집중력을 높이는
습관, 환경 만들기

삶을 통해 배우는 아이들
_도로시 놀트

비방 속에서 자란 아이는 비난하는 것을 배우며
적대 속에서 자란 아이는 투쟁을 배우며
조소를 받고 자란 아이는 부끄러움을 배우며
수치 속에 싸여 자란 아이는 죄의식을 배우며
관용 속에서 자란 아이는 참을성을 배우며
격려 속에서 자란 아이는 신뢰를 배우며
칭찬 속에서 자란 아이는 감사의 마음을 배우며
공평 속에서 자란 아이는 정의를 배우며
인정 속에서 자란 아이는 자기애(自己愛)를 배우며
순응과 우애 속에서 자란 아이는 사랑을 배운다.

집중력은 환경의 영향을 많이 받는다. 생활환경의 구조가 체계적이고 안정적일수록 좋은 습관을 형성할 수 있고, 기본적인 생활 습관과 공부 습관이 잘 잡혀 있을 때 쉽게 공부에 집중할 수 있다. 좋은 습관은 인지능력이나 자기통제력 발달의 토대가 되므로 가장 우선적으로 변화시킬 필요가 있다.

집중력 발달에 가장 기본이 되는 생활 습관

잠은 얼마나 자는 것이 좋을까?

잠은 우리 몸과 마음, 정신에 많은 작용을 한다. 잠을 자는 동안에는 코르티솔이라는 호르몬이 분비되어 몸의 면역기능을 강화하고 멜라토닌이라는 호르몬이 유전자 손상을 막아준다. 만약 잠을 충분히 자지 못하거나 규칙적으로 자지 못할 경우에는 이런 호르몬의 분비에 이상이 생겨 다양한 신체적인 질병을 유발하고 마음과

정신에도 부정적인 영향을 미치게 된다.

잠을 제대로, 충분히 자지 못하면 집중력 역시 떨어진다. 뇌의 활동이 지나치게 둔감해지거나 반대로 지나치게 예민해지기 때문이다. 그래서 잠을 제대로, 충분히 자지 못한 다음 날 아이들은 아주 둔한 움직임을 보이거나 반대로 아주 산만한 행동을 하게 된다.

그러면 잠을 몇 시간이나 자는 것이 적당할까?

	권장 시간	부적절 시간
3~5세	10~13	8↓ / 14↑
6~13세	9~11	7↓ / 12↑
14~17세	8~10	7↓ / 11↑
18~25세	7~9	6↓ / 11↑
26~64세	7~9	6↓ / 10↑
65세	7~8	5↓ / 9↑

(NSF, National Sleep Foundation, 2015)

미국국립수면재단은 2015년 수면과 관련된 다양한 연구 문헌을 토대로 연령별 권장 시간을 제안한 바 있다. 미국국립수면재단에 따르면 만 6세 이상 유아에서 13세 이하 아동에게 적절한 수면 시간은 9시간에서 11시간 사이이다. 그리고 만약 7시간 이하로 잠을 자거나 12시간 이상 잠을 잔다면 이는 부적절한 수준에 해당한다.

더 어린 아동의 경우 10시간 이상 충분히 잠을 자야 한다. 산만하고 충동적인 아이들 중에는 어려서부터 잠투정이 많아 깊은 잠이

드는 데까지 시간이 오래 걸렸고, 잠든 후에도 깊은 잠을 자지 못하고 자주 깨서 수면 습관이 잘 잡히지 않았었다는 아이들이 많다. 이는 기질적으로 예민한 특성이 강했기 때문일 수도 있고, 양육 환경의 문제였을 수도 있고, 기질과 환경 간의 상호작용 때문일 수도 있는데, 어느 경우든 아이가 깊은 잠을 자지 못하게 되면 부모와의 안정적인 애착 형성이 어려워지고, 인지나 정서 발달도 더디게 이루어지게 된다.

6세 이후의 아이들도 마찬가지이다. 잠은 온종일 피곤해진 몸과 정신을 쉬게 해주는 휴식시간일 뿐만 아니라 낮 동안 배우고 경험한 다양한 지식과 태도를 되새김질하여 안정적으로 저장하는 시간이기도 하다. 우리는 깨어 있는 동안 여러 감각기관을 통해 무수히 많은 정보를 한꺼번에 접하기 때문에 잠시 멈추어서 곱씹어보거나 기존에 알고 있던 정보와 연결해보는 작업, 즉 체계적인 기억과 학습을 위한 정보처리 과정을 거치기 어렵다. 깨어 있는 동안에 중간중간 멈추어 생각을 정리하기도 하지만 우리 몸의 감각기관들이 열려 있는 상태이기 때문에 저장에 방해를 받게 된다.

하지만 잠을 자는 동안에는 모든 감각기관을 차단하여 더 이상의 정보를 받아들이지 않은 상태에서 정보를 정리하는 시간을 가질 수 있다. 그래서 깨어 있는 동안 뇌가 미처 처리하지 못한 지식과 기술 등을 처리하고 안정적으로 기억할 수 있게 된다.

잠을 자는 동안은 안구운동을 하지 않고 꿈을 꾸지 않는 깊은 잠 상태인 논렘수면NREM, Non Rapid Eye Movement과 안구운동을 하며 꿈을 꾸는 얕은 잠 상태인 렘수면REM, Rapid Eye Movement이 번갈아 나타나는데, 성인을 기준으로 대략 8시간의 수면 시간 동안 논렘수면과 렘수면이 각각 5회 나타나야 안정적이고 체계적인 정보처리가 가능하다.

유아와 아동의 경우 체질에 따라 9시간에서 11시간까지 적정 수면 시간에 차이가 있지만, 아무리 적게 자더라도 낮잠을 포함한 총 수면 시간이 하루 7시간보다는 많아야 한다. 그래야 건강뿐만 아니라 인지 발달도 정상적으로 이루어질 수 있고 집중력도 적절히 발휘될 수 있다.

서울대학교 의과대학의 교수이자 국내 뇌과학 연구의 최고 권위자인 서유헌 교수 역시 규칙적이고 충분한 수면이 아이들의 뇌 발달에 미치는 영향을 강조하며, 학령기 아이에게 잠이 충분한지, 부족한지를 확인할 수 있는 방법을 제안한 바 있다. 방법은 간단하다. 해 질 무렵 등을 켜지 않은 조용한 공간에 20분 정도 아이 혼자 두는 것이다. 아이가 자연 조명 상태의 어둑하고 별다른 자극이 없는 조용한 공간에서 20분 이상 혼자 있으면서도 자거나 졸지 않는다면, 아이에게 수면이 충분하다는 의미이다. 반대로 아이가 20분 이내 잠이 들거나 졸린 모습을 보인다면, 수면 시간이 부족하다는 의미이니, 수면 시간을 늘리기 위한 방법을 찾아야 한다.

수면학자들은 공부나 일을 더 많이 하기 위해 잠을 줄이는 것은

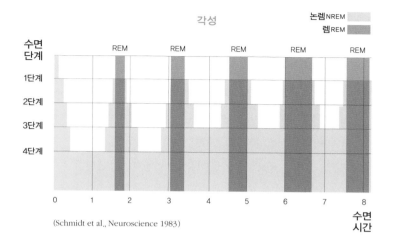

(Schmidt et al., Neuroscience 1983)

매우 비효율적이라고 지적한다. 밤에 충분한 수면을 취하지 못하면 깨어 있는 낮 시간 동안, 부족한 잠을 보충하기 위해, 졸거나 멍한 상태로 있기 때문에 낮 시간에 집중력이 떨어질 수밖에 없다. 그러니 아이가 숙제나 공부를 다 못 했더라도 취침시간이 되면 재워야 한다. 3장에서 제안한 5단계 생각법(그중에서도 점검 시간을 여유 있게 잡고 철저하게 지키는 원칙)과 4장 후반에 나오는 규칙 세우기를 잘 활용해서 잠자기 전에 숙제나 공부를 마무리하는 습관을 잡아주면 잠자는 시간까지 빼앗아 가며 공부를 시키지 않아도 될 것이다.

잠투정을 부리면서도 밤늦게까지 잠을 안 자려고 한다면?

아이들 중에는 체질적으로 잠이 적은 아이들이 있다. 이런 아이들은 밤에 잠을 적게 자더라도 낮에 별다른 피곤을 느끼지 않고, 앞에서 설명한 어둡고 조용한 곳에서 20분 정도 혼자 있으면서도 정신이 말똥말똥한 상태로 잘 버틴다. 이런 아이들은 수면 시간이 좀 짧더라도 큰 걱정을 할 필요가 없다.

하지만 아침에 일어나는 것을 힘들어하고, 낮에도 피곤해하는 아이라면, 수면 시간을 늘리기 위해 노력해야 하고, 그러기 위해서는 밤에 일찍 잠드는 습관을 만들어주어야 한다. 일조량은 수면 유발 호르몬인 멜라토닌 분비에 영향을 미치기 때문에 밤늦게까지 잠을 이루지 못하는 아이의 경우 낮에 햇볕을 충분히 쬐도록 해주는 것이 좋고, 적당한 운동도 도움이 된다. 또 잠들기 1시간 이전에는 게임이나 텔레비전 같은 강한 자극은 접하지 않도록 하는 것이 좋다.

잠자리 의식을 만드는 것도 효과적이다. 잠들기 30분 전에는 잠자리에서 부모와 책을 몇 권 읽는다거나, 잔잔한 음악을 듣는다거나, 부모와 낮에 있었던 일들에 대해 가벼운 이야기를 나눈다거나 하는 등의 잠자기 전 활동을 정해놓고 그 활동 이후에 잠을 자는 습관을 들이는 것이다. 이런 잠자기 전 의식은 시작하는 시간과 마치는 시간을 일정하게 유지하되, 아이의 컨디션이나 기분을 고려해서 융통성 있게 할 수 있다. 또 낮에 부모와 충분한 시간을 보내지 못한 아이들의 경우 이러한 잠자리 의식을 통해 부모와의 정서적 유대감을 높일 수도 있다.

졸려서 짜증을 내고 잠투정을 하면서도 늦게까지 잠을 안 자는 아이들의 경우, 아이 혼자 잠을 자게 하는 것보다는 아이가 잠들 때까지 부모가 함께 있어주는 것이 좋다. 부모는 TV를 보거나 다른 일을 하면서 아이 혼자 자게 하기보다는 집 안 전체에 조명을 낮추고 소음을 줄인 상태에서 아이에게 책을 읽어주거나 안아주면서 잠들 때까지 함께 있어주는 것이다. 대부분의 사람들은 잠이 든 직후부터 30분 이내에 제일 깊은 단계의 수면에 빠지고, 이때는 조명이나 소음 때문에 쉽게 깨지 않으므로, 마무리 못 한 다른 중요한 일은 아이를 재워놓고 하는 것이 낫다.

아침에 아이를 기분 좋게 깨울 수는 없을까?

충분한 수면을 규칙적으로 취하는 아이들은 아침에 일어나는 것도 수월하지만, 그렇지 않은 아이들은 아침에 깨우는 일도 쉽지 않다. 그래서 부모는 소리를 지르고 화를 내면서 아이를 깨우게 된다. 또 늦게 일어나는 아이는 밤에 늦게 잠들기 때문에 다음 날 아침에 다시 또 늦게 일어나는 악순환을 만들게 된다. 그러니 일찍 자는 습관을 만들기 위해서라도 일찍 깨우는 것이 필요하다.

아이를 일찍 깨워서 아침 시간을 여유 있게 만들면 부모와 아이 간의 불필요한 마찰도 줄일 수 있다. 서로가 바쁜 아침에 시간에 쫓기다 보면 아이에게 야단치고 화내기 쉽고, 그러면 부모나 아이 모두 아침을 안 좋은 기분으로 시작하게 된다.

아침에 일찍, 기분 좋게 아이를 깨우고 싶다면, 아이가 일어나야 하는 시간보다 10분 정도 이른 시간에 깨우는 것이 좋다. 부엌이나 마루에서 "어서 일어나" 하며 소리로만 깨우기보다는 아이에게 다가가서 아이의 머리나 얼굴을 만지면서 "이제 10분 후에는 일어나야 해" 하고 알려주는 것이다. 시간 여유가 있다면 부모가 아이의 이불 안으로 들어가 잠을 깰 수 있게 몸을 만져주거나 말을 걸어주는 것도 좋다. 이렇게 하면 아이는 잠 깨기 전 10분을 따뜻하고 기분 좋게 즐길 수 있게 된다. 그리고 약속한 시간이 되면 바로 일어나게 해야 한다.

시간에 임박해서 소리로만 깨울 때보다 미리 이야기해주고 조금 기다린 후에 깨울 때 대부분의 아이들은 훨씬 더 잘 일어난다. 만일 이렇게 해도 아이가 이불 밖으로 나오지 못하고 조금만 더 자겠다고 한다면, 시간을 더 주기보다는 단호하게 깨우는 것이 낫다. 창문을 열고, 이불을 치워서라도 아이를 깨워야 하고, 바로 화장실로 들어가서 씻는 것을 확인하는 것이 좋다. 습관이 만들어지기 전 며칠은 힘들어하겠지만, 일찍 일어나는 습관을 갖게 되면 밤에 일찍 잠자리에 들게 되고, 밤에 충분한 수면을 취한 후에 아침에 기분 좋게 일어날 수 있게 된다.

아침밥, 꼭 먹어야 할까?

하버드 의과대학 마이클 머피Michael Murphy 교수는 미국 초등학생을 대상으로 아침 식사와 건강 상태의 상관관계를 연구한 바 있다. 연구에 따르면 아침 식사는 몸의 건강 상태뿐만 아니라 숫자 암기력, 언어 유창성 등과도 높은 상관관계를 갖는 것으로 나타났다. 아침을 먹는 횟수가 많은 아이일수록 숫자 암기력과 언어 유창성이 높다는 것이다.

잠을 자는 동안 우리 몸은 1℃ 정도 체온이 내려가기 때문에 아침밥을 먹기 전의 체온은 섭씨 35.5℃에 머문다. 체온이 낮은 상태에서는 뇌의 활동성도 떨어질 수밖에 없다. 만약 아침밥을 거르게 되면 몸의 체온이 다시 높아지는 데 시간이 오래 걸리고, '저체온증'으로 악화될 수도 있다.

저체온증은 몸의 온도가 35℃ 이하로 떨어져서 뇌는 물론 심장이나 폐와 같이 생명 유지에 꼭 필요한 신체 장기에 문제가 생기는 것을 말하는데, 아침밥을 장기적으로 거르는 아이들의 70퍼센트 정도가 저체온 증상을 보인다고 한다. 한때 일본에서는 학생들의 저체온증이 사회문제로 대두되기도 했었는데, 일본 역시 우리나라처럼 치열한 입시 경쟁으로 밤늦게까지 공부하고 아침을 거르는 아이들이 많았기 때문이다. 따라서 밤사이 낮아져 있는 체온을 정상으로 되돌리기 위해서라도 아침 식사는 반드시 필요하다.

아침을 거르게 되면 뇌 역시 원활하게 활동하지 못하게 된다. 높은 집중력을 유지하기 위해서는 뇌가 원활한 운동을 해야 하는데 음식물 섭취를 통해 뇌 운동에 필요한 에너지를 공급받지 못할 경우, 뇌는 큰 부담을 느낀다. 에너지가 제한된 상태의 뇌는 활발한 인지 기능을 수행하기보다는 생명 유지에 필요한 최소한의 기능만을 수행하기 때문에 학습 활동의 효율이 떨어질 수밖에 없다. 그래서 아침밥을 거르고 학교에 갈 경우 아이는 오전 내내 수업에 집중하지 못하고 멍하니 있기 쉽다. 또 이런 아이들은 점심을 과도하게 많이 먹기 때문에 오후 수업 시간에도 졸음을 많이 느끼고 쉽게 산만해진다. 그러니 건강뿐만 아니라 집중력을 위해서라도 아침밥은 꼭 먹여야 한다.

Tip 뭘 먹어야 집중력이 높아질까?

일반적으로 집중력을 높이는 음식은 뇌 활동을 활성화하고 피로 회복에 도움이 되는 음식들이다. 집중력을 높이려면 뇌에 에너지를 공급하고 신경세포가 활동하는 데 필요한 탄수화물, 단백질, 지방과 같은 필수영양소를 균형 있게 섭취하되, 알칼리성 음식과 DHA가 풍부한 음식, 비타민 E가 풍부한 음식 등을 많이 먹는 것이 좋다.

알칼리성 식품

버섯, 시금치, 토란, 상추, 당근, 감자, 우엉, 양배추, 무, 호박, 죽순, 고구마, 연근, 가지, 양파, 바나나, 딸기, 참외, 수박 등

DHA 식품

등 푸른 생선, 참치, 연어, 송어, 정어리 등

비타민 E 식품

잣, 땅콩 등의 견과류, 익히지 않은 무 등

아침 시간을 여유 있게 만드는 준비물 상자

"그걸 이제 말하면 어떻게 해? 준비물이 있으면 어제 미리 말했어야지!"

"또 지각하겠네. 왜 아침마다 이렇게 꼼지락거리니? 빨리빨리 좀 하라고!"

"가방 제대로 쌌는지 다시 좀 잘 봐봐. 어제처럼 또 숙제한 것 놓고 가지 말고."

바쁜 아침에 학교 갈 준비를 빨리 끝내지 못하는 아이를 보면 이런 잔소리를 하게 된다. 그리고 쫓아다니며 준비를 도와주다 보면 "네가 몇 살인데, 이런 것도 혼자 못해! 언제까지 엄마가 일일이 도와줘야 하느냐고!" 하며 소리를 지르게 되기 쉽다.

1장에서도 설명했듯이 아이들은 전두엽 실행 기능이 온전히 발달하지 못한 상태이기 때문에 더 중요한 것과 덜 중요한 것, 급한 것과 나중에 해도 되는 것을 잘 구분하지 못한다. 아이들의 뇌는 중요하고 급한 것에만 스포트라이트를 비추는 것이 아니라 보이고 들리는 모든 것에 똑같은 빛을 밝히는 등불의 상태이니, 양말을 신다가도 책을 펼치고, 가방을 챙기다 말고 장난감을 만지작거리는 것이 당연하다. 그러니 부모가 적당히 가이드를 하면서 스포트라이트를 대신 비춰주어야 한다. 행동을 분명하게 지시하고, 움직이는 동선을 짧게 해서 다른 것에 한눈 팔리지 않도록 유도하는 것도 필요하다.

바쁜 아침 시간에 아이의 동선을 짧게 하려면 준비물 상자를 현관이나 아이 방 앞에 만들어주는 것이 좋다. 준비물 상자는 마트 같은 데서 흔히 구할 수 있는 종이 상자면 된다. 달력이나 포장지로 겉을 꾸민 후 준비물 상자라고 큼직하게 써서 현관이나 아이 방 앞에 두는 것이다.

초등학생 아이라면 준비물 상자 위에 화이트보드를 걸어놓고 아이에게 학교 다녀온 후에 알림장의 내용을 화이트보드에 쓰도록 할 수 있다. 알림장의 숙제와 준비물, 부모님께 전달할 사항 등을 화이트보드에 옮겨 쓴 후 바로 챙길 수 있는 준비물은 상자 안에 넣어두고 숙제도 끝나는 대로 하나씩 상자 안에 넣도록 습관을 만드는 것이다. 그리고 스스로 챙겨 넣은 준비물과 다 마친 숙제는 화이트보드에 동그라미로 표시를 해서, 자기뿐만 아니라 부모도 볼 수 있도록 하는 것이 좋다. 그러면 부모는 화이트보드에 쓰여 있는 내용과 준비물 상자 안의 내용물을 보면서 부모가 챙겨주어야 하는 것이 무엇인지를 파악할 수 있다.

그리고 매일 밤 아이에게 잠자리에 들기 전에 상자 안의 숙제와 준비물을 확인하고, 가방을 미리 싸서 준비물 상자 안에 넣어두는 습관을 만들어주면, 아이는 아침에 허둥지둥하지 않고도 숙제와 준비물을 빠짐없이 챙겨 갈 수 있다. 겨울철에는 내일 입을 겉옷과 장갑, 목도리 등을 미리 넣어두는 것도 좋다. 그러면 아이는 아침밥을 먹고 양치질을 한 후 다시 자기 방으로 들어갈 필요가 없게 된다. 그만큼 아이의 동선이 짧아지니 허비하는 시간도 줄어들게 되고 엄마의 잔소리도 줄일 수 있다.

아이와 함께
규칙 만들기 전략

생활 습관과 공부 습관이 잘 만들어져 있는 아이는 높은 집중력을 발휘할 수 있다. 몸에 좋은 습관이 배게 하기 위해서는 어릴 때부터 해도 되는 행동과 해서는 안 되는 행동에 대한 명확한 기준을 알려주고, 규칙에 따라 행동하는 법도 익히게 해야 한다.

규칙 세우기는 아이의 주도성과 근면성을 기르는 데도 큰 도움이 된다. 규칙을 세워서 실천하는 과정에서 아이는 자신의 역할과 책임을 중요하게 받아들이게 되고, 부모 역시 아이에게 불필요한 잔소리와 간섭을 덜할 수 있어 부모와 아이 사이의 갈등도 줄어들 수 있다.

좋은 규칙은 아이가 실천할 수 있는 규칙이다. 아무리 훌륭한 규칙이라도 아이가 지키지 않으면 좋은 규칙이 될 수 없다. 아이가 실천할 수 있는 규칙을 만들기 위해서는 아이와 함께 규칙을 만들어야 하고, 규칙에 아이의 의견이 적극 반영되어야 한다. 가능하면 가족 모두가 모인 자리에서 토론을 통해 규칙을 함께 만드는 것이 가장 좋지만, 상황이 여의치 않은 경우에는 아이와 엄마만이라도 함께 이야기 나누며 규칙을 정하는 것이 좋다.

규칙에 대해 설명하기

먼저 규칙이 무엇인지 아이가 이해할 수 있도록 설명해준다.

"규칙은 약속이랑 비슷한 거야. 무엇을 어떤 식으로 하겠다는 것을 미리 정해놓고 그대로 하면 규칙을 지켰다고 하는 거야. 학교에서도 수업 시간에는 떠들지 않고 선생님 말씀을 잘 들어야 한다는 규칙이 있지? 우리 집에서는 저녁은 7시쯤에 먹는다는 규칙이 있잖아. 지영이 네가 학교 갔다 와서 숙제를 하는 것도 일종의 규칙인 셈이야. 규칙이 어떤 건지 알겠니?" 하고 설명을 한 뒤에 "그럼 우리도 우리만의 규칙을 만들어볼까?" 하는 식으로 제안을 한다.

규칙은 반드시 공부와 관련된 것일 필요는 없다. 학교 갔다 와서 바로 손 씻기, 하루 1시간만 게임하기, 동생 간식 챙겨주기, 일기 쓰기 등도 규칙에 포함할 수 있다. 숙제하기, 학습지 풀기, 영어 CD 듣기, 책 읽기 등도 당연히 포함할 수 있다. 아이가 일상적으로 반복해서 해야 하는 일들 중에서 반드시 해야 할 것을 규칙으로 정하면 된다.

엄마가 생각하기에 꼭 필요한 일들과 아이가 생각하기에 꼭 필요한 일들을, 아이와 엄마가 함께 적으면서 우선순위를 정할 수도 있다. 최대한 아이의 의견을 많이 반영하고 아이가 지키기 힘든 규칙은 포함하지 말아야 한다.

중요한 것은 무리하게 규칙을 짜서는 안 된다는 것이다. 처음에는 꼭 필요하고 중요한 두세 개의 행동만을 규칙에 포함하는 것이 좋다. 아이가 규칙 세우는 것을 좋아하고 익숙해지면 규칙의 양은 서서히 늘릴 수 있다.

대신 규칙은 구체적이어야 한다. '엄마가 잔소리하지 않아도 숙제하기'보다는 '저녁 6시 이전에 학교 숙제 다 끝내기'가 낫다. '동생 괴롭히지 않기'보다는 '동생에게 소리를 지르거나 때리지 않기'가 낫다.

규칙을 세우고 실천하는 과정에서 아이는 규칙이 없을 때보다 있을 때가 더 안정감 있고 자유롭다는 것을 경험해야 한다. '6시 이전에 학교 숙제 다 끝내기'라는 규칙이 없을 때는 놀면서도 언제 엄마 잔소리가 시작될지 몰라 걱정되고 불안했는데, 규칙을 만든 이후에는 6시 전에만 숙제를 다 끝내면 그 이후 시간에는 엄마 눈치를 살피지 않고 자유롭게 하고 싶은 여러 활동을 할 수 있다는 것을 경험해야 한다. 그러니 규칙을 세운 후에는 규칙 이외의 것에는 잔소리나 간섭을 줄이고 아이의 선택을 존중하고 내버려두어야 한다.

'6시 이전에 학교 숙제 다 끝내기'의 경우, 3시에 시작을 해서 10번 들락날락거리든, 5시 30분에 시작을 해서 벼락치기 하듯 몰아서 하든, 일단은 아이가 알아서 하도록 내버려두어야 한다. 또 숙제를 6시 이전에 끝낸다면, 이후 나머지 시간에는 무엇을 하든 잔소리를 하지 않는 것이 좋다. 부모는 규칙이라는 큰 틀만 제시하고 그 범위 안에서 아이는 자유롭게 시행착오를 겪으며 자신이 실천할 수 있는 더 나은 규칙을 만들 수 있게 된다.

규칙을 정하고 나면 그 내용을 종이나 화이트보드에 쓰고 눈에 잘 띄는 곳에 붙여놓는 것이 좋다.

규칙	월	화	수	목	금
6시 이전에 학교 숙제 다 끝내기					
8시 30분 전에 현관 나서기					
TV 프로그램 1개만 보기(20분 이내 것은 2개)					

규칙 점검 방법 정하기

규칙을 정한 후에는 규칙을 점검하는 시간과 기준도 정해야 한다. 규칙 점검은 매일 같은 시간에 하는 게 효과적이다. 규칙이 잘 안 지켜지는 이유는 대부분 아이 때문이 아니라 부모 때문이다. 부모가 규칙 점검을 규칙적으로 하지 않기 때문이다. 그러니 부모가 실천 가능한 시간을 규칙 점검 시간으로 정해야 한다.

부모가 규칙 점검을 게을리하거나 2~3일씩 몰아서 하면 아이도 그만큼 규칙을 대충 지키게 된다. 살다 보면 부모도 사정이 생겨 규칙 점검을 못 할 수밖에 없는 상황이 생길 수 있지만, 습관 형성을 위해 노력하는 초반에는 특히 매일 정해진 시간에 규칙 점검을 해야 한다.

규칙 점검 방법에는 어느 정도 잘하면 규칙을 잘 지켰다고 할 것인지에 대한 기준도 포함해야 한다. 기준이 명확하지 않으면 아이와 엄마 사이에 갈등이 유발된다. 예를 들어 '한자 학습지 한 쪽 쓰기'가 규칙인 경우, 아이는 한 쪽을 썼기 때문에 규칙을 지켰다고 생각하지만 엄마가 보기에는 건성으로 대충 썼기 때문에 규칙을 지킨 것이 아니라고 생각할 수 있다. 그래서 엄마가 다시 쓰라고 하거나 규칙을 지킨 것이 아니라고 하면 아이는 억울한 마음을 갖게 된다. 이렇게 되면 아이는 엄마가 치사한 사람이라는 생각을 하게 되고 규칙 지키기에 대한 흥미도 잃게 된다. 그러니 전체 몇 문제 중에 몇 개 이상 맞혔을 때, 글씨가 어느 정도로 깨끗했을 때 등의 기준을 미리 만들어놓는 것이 필요하다. 10문제 중에 10개 모두보다는 문제의 수준과 기존에 아이가 맞혔던 개수 등을 고려해서 '7개 이상', 두루뭉술하게 '글씨 깨끗이' 보다는 예전에 쓴 노트 중 비교적 글씨가 깨끗한 부분을 보여주며 '이 글씨 정도'라는 것을 확인하는 게 좋다.

　규칙을 점검할 때는 규칙을 잘 지킨 날은 스티커 3개, 규칙을 지키려고 노력했지만 일부밖에 지키지 못한 날은 2개, 규칙 준수를 위한 노력을 전혀 하지 않은 날은 1개씩 스티커를 붙여준다. 전혀 지키지 않은 날도 부모가 점검했다는 것을 확인하기 위해 1개의 스티커를 붙여주는 것이다. 반드시 스티커가 아니라도 부모의 도장, 사인, 동그라미 등도 가능하다. 규칙을 잘 지킨 날은 칭찬을 아끼지 않되, 규칙을 잘 지키지 못한 날이라 할지라도 야단을 쳐서는 안 된다. 그런 날은 객관적인 태도로 '오늘은 규칙을 못 지켰으니까 스티커를 받지 못한다'는 것만 알려주면 된다.

　간혹 아이들이 이제라도 할 테니까 스티커를 달라고 조르는 경우가 있다. 그날 피치 못할 사정이 있었던 것이 아니라면 봐주지 않는 것이 좋다. 특히 규칙을 정해서 실천하는 초반에는 보다 엄격하게 규칙을 적용해야 한다. 규칙을 점검하는 시간이 미리 정해져 있었고 그것은 아이와 함께 정한 것이므로 핑계는 통하지 않는다는 것을 아이에게 인식시켜야 한다. 예외적인 사정이 인정되더라도 3개의 스티커를 다 주지 말고 2개나 1개만 주는 것이 규칙의 중요성을 한 번 더 일깨울 수 있다는 점에서 바람직하다.

보상 정하기

규칙 안에는 보상도 포함된다. 아이가 규칙을 잘 지킬 경우 무엇으로 보상할지 아이와 함께 상의하고 규칙을 정할 때 미리 정해놓는 것이 좋다. 보통은 일주일에 한 번씩 스티커의 개수를 세어 그에 따라 보상을 하지만, 아이가 어리거나 규칙 따르기를 어려워하는 경우 3일 단위로 보상을 할 수도 있다.

보상은 아이가 원하는 것이어야 하지만 물건보다는 활동을 통한 보상이 좋다. 물건을 통한 보상은 아이들에게 쉽게 포만감을 느끼게 만들어, 규칙을 따르고자 하는 동기도 쉽게 줄어들 수 있다. "엄마, 나 그거 안 사도 되니까, 규칙 안 따라도 되지?" 하는 어이없는 상황이 만들어질 위험이 크다. 아이가 좋아하는 음식, 게임머니 충전, 일요일 오후의 자유 시간, 가족 외식, 놀이동산 가기, 친구 초대 등등 활동을 통한 보상의 종류는 다양하다.

보상 받을 수 있는 스티커의 개수도 하루나 이틀의 실패를 만회할 수 있는 수준이어야 한다. 규칙 지키기의 단맛, 그러니까 규칙을 지키면 자유롭고 즐겁다는 것을 느끼기 위해서는 보상을 얻어야 하는데 규칙이 너무 팍팍하면 중간에 포기할 확률이 높다.

하루 최대 3개의 스티커를 얻을 수 있다면 일요일 하루를 제외하고 6일 동안 최대 18개의 스티커를 모을 수 있다. 이 경우 15개 정도가 적정한 개수이다. 만약 18개나 17개를 기준으로 할 경우 화요일 하루 동안 규칙을 지키지 못해서 스티커를 하나밖에 못 받게 되면 아이는 나머지 요일의 규칙 실천을 포기할 수도 있다. 적당히 만회할 기회가 주어져야 동기를 높일 수 있다.

15개 이상, 12개 이상, 10개 이상 등 스티커의 개수에 따라 차등적으로 보상을 하는 것도 좋은 방법이다. 단 이런 경우에는 스티커를 더 많이 받을수록 보상의 내용도 확연히 더 좋은 것이어야 한다. 예를 들어 15개 이상은 피자, 12개 이상은 햄버거를 보상으로 정했을 때 부모는 피자가 햄버거보다 비싸기 때문에 더 좋은 보상이라고 생각할 수 있지만 아이의 입장에서는 피자와 햄버거가 똑같이 맛있는 음식이기 때문에 구태여 15개를 받으려고 애쓰지 않을 수 있다.

아이가 규칙을 어겼을 때는 규칙에 대해 한 번 더 얘기하되 심하게 야단을 치거나 비난을 해서는 절대 안 된다. 아이는 마냥 시간을 허비하고 있는 것이 아니라 시행착오를 통해서 배움의 기회를 갖고 스스로의 행동에 대해 책임지는 것을 배우고 있는 과정이라고 생각하고 지켜볼 수 있어야 한다.

만약 아이가 계속해서 규칙을 어겨 보상을 못 받는 기간이 길어지면, 다시 아이와 함께 규칙에 대해 얘기를 하고 규칙을 수정하는 게 좋다. 규칙의 종류를 바꾸거나 규칙의 개수를 줄일 수도 있고, 보상의 방법을 바꿀 수도 있다.

TIP 허용이 아닌 명확한 경계가 필요한 상황

간혹 아이를 '기다려주라', '존중해주라'는 말을 아이의 '모든 행동을 허용해주라'는 말로 잘못 이해하는 부모들이 있다. 이런 부모들은 아이가 무슨 행동을 하든 내버려두고, 하지 않아야 하는 행동에 대한 경계를 정해주지 않는 경우가 많다.

아이들에게 경계는 아주 중요하다. 특히 산만하고 충동적인 아이들에게는 경계가 더욱 중요하다. 어느 선까지는 되고, 어느 선부터는 안 되는지를 분명히 알려주어야 행동 조절 능력이 발달하게 된다.

모든 것을 허용해주면 아이가 심리적으로 더 건강하게 자랄 것 같지만, 경계가 없는 아이들은 불안을 오히려 더 많이 느낀다. 아이의 성장과 함께 경계의 범위와 정도를 조절하되, 다음과 같은 행동은 반드시 명확한 경계를 만들어주어야 한다.

밥 먹기, 잠자기, 씻기와 같은 기본 생활 습관

정해진 시간보다 늦게 잔다거나 군것질만 많이 하고 밥을 안 먹으려고 하거나 씻기를 귀찮아해서 남에게 불쾌감을 줄 정도의 행동은 제재해야 한다.

숙제를 포함한 계획된 학습

매일 조금씩 공부하는 습관을 들이는 것은 꼭 필요하다. 숙제를 미루지 않고 하는 것도 꼭 필요한 습관이다. 아이와 함께 정한 학습 분량은 매일 일정 시간 미루지 않고 할 수 있게 해야 한다. 단, 양이 너무 많거나 시간에 쫓기는 경우는 분량이나 스케줄을 조정할 수는 있다.

자신이나 타인을 위험하게 하는 행동

높은 곳에서 뛰어내리거나 칼을 가지고 논다거나 다른 사람을 때리는 등의 행동은 좋은 말로 타이르는 것이 아니라 엄격하게 제재해야 한다.

이런 행동은 아이와 대화를 통해 타협하려 하기보다는 분명하게 지시하고 엄격하게 경계를 만들어주어야 한다. 이러한 행동을 지시할 때는 부탁하듯, 애원하듯 말하는 것이 아니라 단호하고 명확하게 말해야 한다. 설거지하면서, TV를 보면서 소리만 지르지 말고, 가까이서 눈을 보고 분명하게 말해야 한다. "숙제 안 할 거니? 제발 숙제부터 좀 해, 엉?"이 아니라 "숙제할 시간이야. 지금 바로 일어나" 하고 엄격하게 말하는 것이다. "제발 좀 그만하고 자" 애원하듯 말하지 말고 "잘 시간이 지났어. 이제 침대로 들어가" 하고 불을 꺼야 한다. 이런 분명한 경계 속에서 아이는 자기 조절 능력을 키워나가게 된다.

신체 조절 능력이 높은 아이가
집중도 잘한다

집중력이 낮은 아이는 초보 운전자와 같다. 초보 운전자가 자기 차를 잘 못 다루는 것처럼 집중력이 낮은 아이는 자기 몸을 잘 못 다룬다. 신체 근육을 적절히 조절하지 못하기 때문이다. 그래서 자주 넘어지고 잘 부딪힌다. 몸 여기저기에 멍과 상처도 많다. 그러면서도 자기 몸에 난 그 상처가 언제 어디서 생긴 것인지 잘 모른다. 신체에 대한 감각 및 조절 능력이 낮기 때문이다.

집중력은 두뇌 활동과 밀접한 관련이 있지만 신체 활동의 영향도 많이 받는다. 보고, 듣고, 냄새 맡고, 맛보고, 피부로 느끼는 것 등은 신체 감각을 통해 이루어지고, 이것을 기초로 무수히 많은 자극 중에서 중요한 것과 그렇지 않은 것을 잘 변별하고 주의를 기울일 대상을 선택할 수 있기 때문이다.

쉽게 긴장하고 불안을 많이 느끼는 사람은 몸도 쉽게 긴장되기 때문에 신체 조절 능력이 떨어진다. 신체 조절 기능이 떨어진 상태에서는 오감을 통해 외부 자극을 접하고 선별하는 작업이 원활하지 못하기 때문에 그만큼 상황이나 맥락에 맞지 않는 엉뚱한 말이나 행동을 많이 하게 되어 산만하다는 평가를 자주 받게 된다. 이런 이유 때문에 아이 스스로가 자신의 몸 상태를 수시로 점검하게 하고 몸이 굳어 있을 때는 몸의 긴장을 풀기 위한 노력을 할 수 있게 가르칠 필요가 있다.

복식호흡과 사각 호흡법

긴장되거나 불안해서 몸에 힘이 들어가 있는 상태에서 몸의 긴장을 풀기 위해 가장 간단하면서도 효과적으로 할 수 있는 노력은 복식호흡이다. 복식호흡은 근육 긴장을 푸는 데 많은 도움이 되는데, 대개의 사람들은 일상에서 흉식 호흡을 하기 때문에 복식호흡법은 따로 배우고 연습해야만 필요한 상황에서 활용할 수 있다.

아이들에게 복식호흡을 가르칠 때는 배를 풍선에 비유하는 것이 효과적이다. 풍선에 바람을 불어넣는 기분으로 숨을 크게 들이쉬면서 배를 부풀어 오르게 하고, 풍선에 바람을 빼는 기분으로 숨을 크게 내쉬는 것이다. 손을 배에 올려놓고 호흡과 함께 배가 커지고 작아지는 것을 느끼게 되면 더 쉽게 복식호흡을 배울 수 있다.

1. 천천히 깊이 코를 통해 폐의 아랫부분까지 숨을 들이쉰다. 공기를 가능한 데까지 아래로 내려보내는 기분으로 호흡한다. 손을 배에 놓고 배가 얼마나 부풀어 오르는지 확인할 수도 있다. 배가 올라가는 동안 가슴은 아주 조금만 움직여야 한다.

2. 숨을 충분히 들이쉰 뒤에는 잠시 멈추고 숨을 참는다.

3. 멈추었던 숨을 천천히 코와 입을 통하여 내쉰다. 숨을 들이마시는 시간보다 길게 충분히 내쉰다. 숨을 내쉬면서 온몸이 이완되도록 힘을 뺀 채로 머문다.

4. 호흡이 부드럽고 일정하게 이루어지도록 노력하면서 이 동작을 5회 이상 반복한다.

복식호흡이 익숙해지면 사각 호흡법도 가르칠 수 있다. 사각 호흡법은 상담자이자 심리학자인 루시 조 팰러디노Lucy Jo Palladino●가 긴장되는 상황에서 마음을 진정시키고 집중력을 유지하기 위한 방법으로 고안한 것이다. 사각 호흡법은 주변에서 쉽게 접할 수 있는 사각형, 예를 들어 책, 복사 용지, 컴퓨터 화면, 문, 창문 등을 활용하여 호흡을 조절하는 방법이다. 사각형의 네 꼭짓점을 쳐다보면서 복식호흡을 하는 것으로, 방법은 다음과 같다.

● 팰러디노의 저서《포커스존》(조윤경 역, 멘토르, 2009)을 참고하기 바란다.

1. 첫 번째 꼭짓점인 왼쪽 위 꼭짓점을 보면서 숨을 들이마신다. 이때 마음으로 하나, 둘, 셋, 넷을 세면서 복식호흡으로 배를 부풀게 한다.
2. 시선을 오른쪽 위 꼭짓점으로 옮기고 숨을 참으면서 넷을 센다. 숨을 잠시 멈추는 것이다.
3. 시선을 아래편 오른쪽 꼭짓점으로 옮긴 뒤 숨을 내쉰다. 마음으로 하나, 둘, 셋, 넷을 세면서 길게 숨을 내쉬면서 배도 홀쭉하게 한다.
4. 시선을 아래편 왼쪽 구석으로 옮기고 미소를 지으면서 조용히 읊조리거나 마음속으로 생각한다. "긴장을 풀자. 다 잘될 거야."

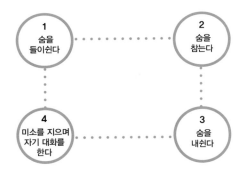

이런 과정을 반복하면서 호흡을 가다듬다 보면 신체적 긴장이 풀어지게 된다. 특히 마지막 꼭짓점을 응시하면서는 평소 자신에게 힘이 되거나 자신을 편안하게 했던 말을 스스로에게 하는 것이 좋

다. '괜찮아. 다 잘될 거야', '힘내자. 아자! 아자!', '잘할 수 있어. 걱정하지 마' 같은 말도 좋고 명언이나 성경 구절, 시의 한 구절 등을 외워두었다가 이럴 때 활용하는 것도 아주 좋은 방법이다.

특히 이런 방법은 시험이나 발표와 같이 평가나 타인의 주목을 받는 상황에서 크게 긴장하는 아이들이나 신체 에너지가 넘쳐서 쉽게 흥분하고 끊임없이 움직이는 아이들에게 많은 도움이 된다. 지나치게 가라앉아 있거나 너무 흥분해 있는 상황 모두에서 적용할 수 있고, 오랜 시간 같은 활동을 반복하느라 지루하고 지친 상황에서도 중간중간 복식호흡이나 사각 호흡을 하면 몸과 마음의 피곤함과 짜증스러움을 조절할 수 있다.

긴장 이완 훈련

긴장 이완 훈련은 심리학자인 제이콥슨Jacobson이 심각한 불안 증세를 호소하는 사람들을 치료하기 위해 고안한 것이지만, 일반인들도 신체 긴장을 조절하기 위해 활용할 수 있다. 긴장 이완 훈련은 몸의 각 부위별로 인위적으로 힘을 주어 근육을 긴장시켰다가 다시 인위적으로 힘을 빼 근육을 이완시키는 것이다. 스트레스나 불안을 많이 느끼는 사람은 자신도 모르게 근육에 힘이 들어가기 때문에 피곤을 많이 느끼고 집중력도 발휘하기 어려운데, 이 훈련을 반복하다 보면 자신의 몸이 긴장되는 것이 느껴질 때 인위적으로 근육을 이완시킬 수 있기 때문에 집중력도 수월하게 발휘할 수 있게 된다.

긴장 이완 훈련을 할 때는 근육이 아플 정도로 힘을 꽉 준 다음 3초 정도 그 상태에 머물러 있다가 서서히 힘을 빼야 한다. 그런 다음 이완된 상태에서 5초 이상 머물러 있어야 한다. 여기서 주의할 것은 오른손 근육에 힘을 주고 있을 때는 오른손을 제외한 다른 근육에는 힘이 들어가서는 안 된다는 것이다.

긴장 이완 훈련이 익숙하지 않은 사람들은, 한쪽 손은 힘을 주면서 다른 한쪽 손은 편안하게 놔두는 것을 힘들어할 수도 있다. 특히 아이들은 자신의 신체에 대한 조절 능력이 충분히 발달하지 않은 상태이기 때문에 성인보다 더 힘들어한다. 하지만 반복하다 보면 차츰 익숙해지고 자유자재로 몸 근육을 긴장시키고 이완시킬 수 있게 된다. 그때까지 포기하지 말고 꾸준히 연습해야 한다.

게임을 한 뒤 또는 흐름이 빠른 텔레비전을 본 직후에도 근육이 굳어 있기 쉽다. 또 게임이나 텔레비전의 강한 자극이 뇌에 잔상으로 남아 있기 때문에 곧바로 공부에 집중하기 어려울 수 있다. 이런 때에 곧바로 공부를 시키기보다는 긴장 이완 훈련을 한 후 공부를 하게 하면 몸의 긴장과 피로도 줄어들고, 공부에도 집중을 더 잘할 수 있게 된다. 아이와 함께 매일 10~20분 동안 긴장 이완 훈련을 연습해보자.

긴장 이완 훈련방법

1. 아이와 함께 등이 편한 의자나 소파에 앉거나 침대나 바닥에

눕는다.

2. 온몸에 힘을 빼고 최대한 편안하게 한다.

3. 눈을 감는다.

4. 복식호흡으로 깊게 숨을 들이마시고 내뱉는 것을 3회 반복한다. 부모 중 한 사람이 천천히 하나, 둘 숫자를 세면 좋다. 천천히 하나, 둘에 맞추어 숨을 크게 들이쉬고 잠시 멈춘다. 하나, 둘, 셋, 넷을 세면서 숨을 천천히 내쉬고 그 상태에서 잠시 머문다. 이것을 4회 반복한다.

5. 오른손에 힘을 줘 주먹을 꼭 쥔다. 3초 정도 더 힘을 주어 근육을 최대로 긴장시킨다. 서서히 힘을 빼서 오른손과 주먹을 편안하게 내려놓는다. 편안한 상태에서 5초 이상 머문다.

6. 왼손에 힘을 주어 주먹을 꼭 쥔다. 3초 정도 더 힘을 주어 근육을 최대로 긴장시킨다. 서서히 힘을 빼서 왼손과 주먹을 편안하게 내려놓는다. 편안한 상태에서 5초 이상 머문다.

7. 양손에 힘을 주어 양쪽 주먹을 꼭 쥔다. 3초 정도 더 힘을 주어 근육을 최대로 긴장시킨다. 서서히 힘을 빼서 양쪽 주먹을 편안하게 내려놓는다. 편안한 상태에서 5초 이상 머문다.

8. 오른쪽 팔꿈치를 구부려서 알통이 나오게 한다. 더욱 힘을 줘서 알통이 더 나오게 한다. 힘이 충분히 들어간 뒤에 서서히 힘을 빼서 팔을 편안하게 한다. 편안한 상태에서 5초 이상 머문다.

9. 왼쪽 팔꿈치를 구부려서 알통이 나오게 한다. 더욱 힘을 줘서

알통이 더 나오게 한다. 힘이 충분히 들어간 뒤에 서서히 힘을 빼서 팔을 편안하게 한다. 편안한 상태에서 5초 이상 머문다.

10. 이마에 주름을 잡는다. 얼굴 모양이 일그러지고 이맛살이 찌푸려질 정도로 이마에 주름을 잡는다. 이맛살을 펴서 편안하게 한다. 편안한 상태에서 5초 이상 머문다.

11. 두 눈에 힘을 주어 꼭 감는다. 꼭 감아서 눈가에 주름이 잡히게 한다. 눈을 부드럽게 편다. 편안한 상태에서 5초 이상 머문다.

12. 혀를 입천장에 대고 누른다. 더욱 세게 대고 누른다. 혀를 제자리에 하고 편안하게 한다. 편안한 상태에서 5초 이상 머문다.

13. 입을 다물고 입술을 앞으로 쑥 내민다. 입술에 힘을 주어 최대한 오므린다. 입술을 평상시대로 펴고 편안하게 둔다. 편안한 상태에서 3초 이상 머문다.

14. 목을 될 수 있는 대로 뒤로 젖혀 오른쪽으로 돌린다. 2회 돌린 뒤에 왼쪽으로 다시 2회 돌린다.

15. 양쪽 어깨를 귀에 닿도록 힘 있게 추켜올린다. 더욱 추켜올려 어깨 근육을 최대로 긴장시킨다. 3초 뒤에 어깨를 편안하게 내린다. 더욱 편안하게 내리고 5초 이상 머문다.

16. 배를 앞으로 힘껏 내민다. 배가 많이 나오도록 힘껏 내민다. 배를 편안하게 한다. 편안한 상태에서 5초 이상 머문다.

17. 허리를 앞으로 구부린다. 더욱 구부려서 근육에 긴장을 준다.

허리를 편안하게 편다. 편안한 상태에서 5초 이상 머문다.

18. 양쪽 무릎을 구부린다. 무릎을 세차게 구부린다. 무릎을 펴고 편안하게 한다. 편안한 상태에서 5초 이상 머문다.

19. 발과 발가락을 땅에 대고 누른다. 누워 있는 경우에는 발가락을 몸 쪽으로 당긴다. 3초 뒤에 발을 편안하게 한다. 편안한 상태에서 5초 이상 머문다.

20. 온몸을 쭉 뻗으면서 숨을 한 번 크게 쉰다. 반복해서 숨을 크게 쉰다.

21. 온몸이 편안해진 상태에서 잠시 머문다.

긴장 이완 훈련의 순서는 조금씩 차이가 있는데, 여기 제시된 순서는 눈감기→심호흡→오른손→왼손→오른팔→왼팔→이마→눈→혀→입술→목→어깨→배→허리→무릎→발로 이어진다.

편안한 명상음악이나 경음악을 작은 소리로 틀어놓고 하면 훨씬 효과적이다. 온몸이 완전히 이완된 상태에서는 맑은 하늘이나 초원 등을 상상하면 기분이 더욱 맑고 상쾌해진다.

에너지 발산을 통한 신체 조절

정도의 차이가 있긴 해도, 아이들은 대체로 신체 에너지 수준이 높다. 그래서 어른들보다 많이 움직인다. 얌전히 입 다물고 있으면 좋겠는데 이것저것 건드리며 질문을 쏟아내고, 천천히 걸어가면 좋겠는데 저만치 앞서 뛰어갔다가 다시 돌아와서는 빨리 좀 가자고 한다. 그냥 가도 될 길을 지그재그로 뛰어다니고 평평한 길 놔두고 울퉁불퉁 위험해 보이는 길로 폴짝폴짝 뛰어다니기도 한다.

"우리 애는 기운이 너무 좋아요. 잠시도 가만히 앉아 있지를 않는다니까요. 애 아빠도 반나절 정도 놀아주고 나면 힘들어하는데, 아이는 계속 쌩쌩해요."

"얘는 가만히 앉아 있지를 않아요. 선생님 말씀이 수업 시간에도 왔다 갔다 거리면서 쓸데없는 데 참견을 한대요. 참관 수업에 갔더니 몸을 이리저리 움직이고 뒤에서 봐도 우리 아이만 눈에 띄더라고요."

산만한 아이를 둔 부모들이 흔히 하는 이야기이다. 이런 쓸데없어 보이는 행동들은 사실 아이들에게 꼭 필요한 것들이다. 아이들은 이렇게 몸을 움직이면서 신체 운동 에너지를 조절하는 법을 배우게 된다.

한의학자들은 인간의 몸을 사계절에 비유한다. 아동기는 파릇파릇한 봄, 청소년기는 싱그러운 여름, 성인기는 풍성한 가을, 노년기는 고즈넉한 겨울. 가을에 접어든 부모 세대는, 비록 왕성하게 활동하며 풍성한 수확을 이루고 있다 하더라도, 다가올 겨울을 대비해 에너지를 비축해야 한다. 그래서 성인인 우리는 가급적 말을 적게 하고, 짧은 거리도 차로 움직이고, 어디 가든 앉을 자리부터 찾으며 최소한의 움직임만으로 살고자 한다. 이렇게 사는 것이 겨울을 앞당길지 늦출지는 모르겠으나, 어쨌든 대부분의 성인들은 수다스러움과 빠른 움직임을 기피한다.

봄과 여름에 속해 있는 아이들은 다르다. 이들은 넘쳐나는 신체 에너지를 외부로 발산해야만 한다. 에너지를 발산하지 못하면 쓸데없이 움직이고 꼼지락거리면서 산만하게 행동하게 된다. 그러니 아이들은 쓸데없이 뛰어다니는 것이 아니라 필요에 의해서 뛰어다니는 것이다.

안타깝게도 지금의 아이들은 과거 세대에 비해 신체 에너지를 외부로 마음껏 발산할 기회가 적다. 집 밖은 추워서, 더워서, 황사가 심해서, 놀 친구가 없어서, 차에 치일까 봐, 유괴당할 수 있어서, 성폭력 위험 때문에, 집 안은 아래층에 피해를 주니까, 옆집에 방해되니까, 누나가 공부하고 있으니까 아이에게 나가지 마라, 뛰지 마라, 조용히 해라 소리를 할 수밖에 없다. 그러니 아이들은 넘쳐나는 신체 에너지를 발산하지 못하고 묶어두게 된다. 그리고 기회가 있을 때마다 한 번씩 폭발하듯 에너지를 과잉 발산해버리거나, 일상적으로 다리를 떨거나 손을 꼼지락거리며 산만하게 행동하게 된다. 일부 학자들은 이런 환경 변화로 인해 신체 에너지를 발산하지 못하게 된 것이 산만하고 충동적인 아이들, 주의력 결핍 및 과잉 행동 장애아들이 늘어가는 이유라고 주장하기도 한다.

아이들에게 몸을 자유롭게 움직일 수 있는 시간을 만들어주는 것은 집중력 발달을 위해 꼭 필요하다. 특히 산만하고 충동적인 아이들에게는 더욱 그러하다. 규칙에 따라 움직여야 하는 운동보다는 원하는 대로 움직여도 되는 놀이가 더 좋다. 우리가 어릴 때 했던 그림자밟기 놀이나 '얼음 땡' 놀이, '무궁화 꽃이 피었습니다' 같은 놀이가 좋은 예이다. 특히 주말에는 집 밖으로 데리고 나가서 편안하고 자유롭게 뛰어놀 수 있게 해주는 것이 좋다. 주말 내내 집에서 TV 보고 컴퓨터 게임만 한 아이들은 월요일 유치원이나 학교에서 특히 더 산만하게 움직이고, 그러다 보면 사고도 많이 발생한다.

"친구들이 모두 학원엘 가서 놀이터에 내보내도 혼자 놀다 와요. 요즘엔 놀 친구가 없어서 학원을 보내야 한다니까요." 안타깝지만 놀이터에 함께 놀 친구가 없다면, 운동 학원이라도 보내는 것이 필요하다.

운동의 종류는 크게 중요하지 않다. 아이가 좋아하는 운동이면 무엇이든 좋다. 아이가 자기 몸 움직이는 기쁨을 느낄 수 있게 서두르지 않고 기다려주며 친절히 가르쳐주는 선생님이 있는 학원이라면, 아이는 더 수월하게 자신의 신체 에너지를 발산하고 조절하는 방법을 익히게 될 것이다. 부모 역시 다른 아이들과 비교하거나, 레벨을 높이는 데 신경 쓰지 말고, 함께 운동을 해주면서 아이가 자신의 신체 움직임을 즐길 수 있게 해주는 것이 좋다.

집중력을 높이는 자세, 스트레칭

오랜 시간 높은 집중력을 유지하려면 무엇보다 자세가 중요하다. 자세가 올바르지 않으면 혈액순환이 제대로 되지 않고 오장육부가 제 기능을 충분히 하지 못하기 때문에 쉽게 피로해지고 산만해진다. 굳어진 자세는 쉽게 교정이 되지 않기 때문에 항상 염두에 두고 올바른 자세를 갖도록 노력해야 한다. 또한 자세 교정 뒤에도 예전의 상태로 돌아가기 쉬우므로 자주 점검해야 할 것이다.

올바른 자세

1. 의자에 앉을 때는 의자를 당겨 엉덩이를 깊숙이 밀어 넣고 척추가 휘지 않도록 등을 곧게 편 상태에서 의자 등받이에 등을 붙인다.
2. 머리 정수리는 천장을 향해서 곧게 세우고 턱은 당긴다.
3. 엉덩이 근육과 골반을 조인다.
4. 어깨는 내리고 힘을 빼서 수평이 되게 한다.
5. 등뼈는 수직으로 펴서 힘이 들어가게 하고 얼굴, 가슴, 배가 일직선이 되게 한다.
6. 손목과 팔의 힘을 뺀다.

귀는 선생님의 이야기에 집중한다.

눈은 선생님을 쳐다본다.

등을 곧게 편 상태에서 의자 등받이에 등을 붙인다.

어깨에 힘을 빼고 편안하게 내려놓는다.

손은 책상 위에 편안하게 내려놓는다.

의자에 엉덩이를 깊숙이 밀어넣는다.

스트레칭

〈뒷목 스트레칭〉

1. 양손을 깍지 끼고 머리 뒤에 놓는다.

2. 머리를 손으로 누르면서 고개를 숙인다.

3. 목 뒤의 근육이 늘어나는 것을 느낀다.

4. 약 10초 정도 눌러준다.

• 요점: 상체를 숙이지 않고 똑바른 자세를 취해야 목뒤 근육이 제대로 스트레칭된다.

〈팔 스트레칭〉

1. 손을 깍지 끼고 앞으로 뻗는다.

2. 등이 동그랗게 되도록 한다.

3. 상체는 숙이지 않는다.

• 요점: 등을 동그랗게 만들어줘야 한다.

〈옆구리 스트레칭〉

1. 양손을 깍지 끼고 위로 뻗는다.

2. 이때 팔이 구부려지지 않도록 한다.

3. 천천히 한쪽으로 최대한 숙인다.

   • 요점: 하체는 절대 움직여서는 안 된다.

〈몸통 스트레칭〉

1. 의자 앞쪽으로 나와 걸터앉는다.

2. 허리와 몸통을 돌려 등받이를 잡는다.

3. 돌린 상태에서 10초간 머문다.

4. 반대편도 같은 방법으로 실시한다.

   • 요점: 시선은 돌아간 방향을 보도록 한다.

간단한 얼굴 지압법

장시간 한 가지 일에 몰두하다 보면 머리가 아플 수 있다. 이때 양 눈썹이 시작되는 지점인 미간을 엄지손가락으로 눌러주면 혈액 순환이 촉진되어 집중력을 높일 수 있다.

집중력을 높이는
환경 만들기

사람마다 집중이 잘되는 환경은 차이가 있다. 어떤 사람은 먼지 하나 없이 깨끗하고 조용한 곳에서 집중이 잘된다고 하고, 어떤 사람은 적당히 지저분하고 약간의 소음이 있는 곳에서 집중이 더 잘된다고 한다. 하지만 집중이 잘되는 환경은 비단 '장소'에만 국한된 것은 아니다. 그것은 함께 시간을 보내는 사람이나 그 사람의 태도, 공부나 일하는 방식 등도 장소나 분위기 못지않게 집중하는 데 중요한 영향을 미친다.

예를 들어 공부할 때 어떤 성향의 사람이 주도해 이끄는가, 어떤 스케줄과 규칙에 따라 진행하는가, 분위기가 즐겁고 유쾌한가, 장소가 자주 바뀌는가, 시끄러운 환경인가 아닌가 등에 따라 집중도도 달라지고 그 결과도 달라진다.

그렇기 때문에 공부 환경이나 놀이 환경 등을 고민할 때는, 단순히 눈에 보이는 환경에만 신경 쓰지 말고 눈에 보이지 않는 요소들도 고려할 필요가 있다. 또 남들이 좋다고 하는 것을 아이에게 일방적으로 강요하지 말고, 아이의 성향을 고려해서 아이와 함께 의논해서 결정하는 것이 좋다.

초기에는 부모가 적극적으로 이끌어줄 수 있다 하더라도 어차피 공부는 평생 해야 하는 것이고 아이의 결정과 선택의 비중은 점점 늘어날 것이다. 공부 환경을 만들 때 작은 것 하나부터 아이와 함께 고민하고 결정하는 과정을 거치면 아이는 시행착오를 통해 자신에게 가장 적합한 환경을 찾아 나아갈 수 있게 된다.

여기저기 옮겨 다녀도 괜찮을까?

아이가 어릴수록 여기저기 옮겨 가며 공부하는 경우가 많다. 방에 책상이 있긴 하지만 마루에 상을 펴고 하기도 하고 식탁에서 하기도 한다. 동생과 형을 함께 공부시킬 때는 상을 펴기도 하고, 집안일 하는 중간중간에 공부를 봐줘야 할 때는 식탁으로 아이를 부르기도 한다. 그런데 집중력을 높이기 위해서는 이렇게 여러 장소를 돌아다니며 공부하는 것보다는 한곳에서 공부하는 것이 낫다.

공부는 정해진 한곳, 즉 공부방의 책상에서 하는 것이 가장 효과적이다. 아이의 공부를 도와주기 위해서라면 거실의 상이나 식탁으로 아이를 불러내기보다는 부모가 아이의 책상 옆으로 가서 보조의자에 앉아 도와주는 것이 바람직하다.

또한 책상에서는 공부 이외에 다른 일을 하지 않아야 한다. 책상 위에서 여러 활동을 하면 공부하기 위해 책상 앞에 앉아서도 여러 가지 딴짓을 하기 쉽다. 책상에서 하는 활동이 많으면 많을수록 책상 앞에서는 딴생각을 많이 하게 된다.

때문에 아이에게 간식을 먹일 때도 책상으로 먹을 것을 들고 가기보다는 쉬는 시간에 식탁에서 간식을 먹도록 해야 한다. 졸릴 때도 책상에 엎드려 자기보다는 침대로 가서 잠깐 눈을 붙이도록 하는 것이 좋다. 이렇게 할 때 아이의 몸과 마음에 책상은 공부하는 곳이라는 생각이 배게 되고 책상 앞에 앉으면 공부에만 집중하게 된다.

모든 소리에 반응하는 아이

아이들은 소리에 아주 민감하게 반응한다. 아이들의 청각은 어른들의 청각에 비해 훨씬 더 예민하기 때문이다. 어른들은 사람 말소리와 비슷한 음역대의 소리에만 집중을 하는 반면, 아이들은 여러 음역대의 소리에 다 신경을 쓴다. 이것은 아이들의 청각이 원시성을 더 많이 갖기 때문이다.

원시시대의 인간은 맹수나 자연재해로부터 자신을 보호해야 했기 때문에 작은 소리에도 귀를 기울이고 주변을 탐색해야 했다. 그래서 청각이 매우 발달했었다. 하지만 문명화와 함께 인간의 생명을 위협하는 외부 위험 요소가 줄어들면서 인간의 청력은 낮아지게 되었다. 필요가 줄어든 동물적인 감각 능력이 퇴화한 것이다.

그런데 어린아이들은 여전히 원시시대의 예민한 청력을 가지고 있다. 어찌 보면 아직 세상에 대한 대처 능력이 낮아서 모든 위험 요소를 감지해야 하는 아이들에게는 청력이 더 필요한 감각이기 때문에 어른에 비해 더 예민한 것일 수도 있다. 불안을 많이 느끼는 사람일수록 소리에 더 예민한 것도 생명 유지라는 본능적 욕구와 관련되는 것으로 보이기 때문이다.

그러니 아이들이 사소한 소리에 신경 쓰고 예민한 것은 신체적으로나 심리적으로 자연스러운 현상이다. 본능적으로 소리에 반응하는 아이들에게 '제발 그만 신경 쓰고 숙제에 집중 좀 해'라고 해도 소용이 없다. 그보다는 집중할 수 있게 조용한 환경을 만들어주는 것이 필요하다.

아이가 집중적으로 공부를 해야 하는 시간에는 세탁기, 청소기도 돌리지 않는 것이 좋다. 설거지 소리, 전화로 수다 떠는 소리, TV 소리 역시 피하는 것이 좋다. 아이 공부 시켜놓고 부모는 밀린 집안일을 하며 소음을 만드는 것보다는, 하루 30분이라도 어떠한 소음으로부터도 방해받지 않는 조용한 시간을 정해서 가족 모두가 각자의 일에 집중하는 시간을 가지다 보면 아이의 집중력도 서서히 좋아지게 된다.

일반적으로 만 10세를 전후해서 아이들의 청력은 성인의 청력과 비슷해진다. 그러니 10세 이전의 아이들에게는 특히 더 조용한 환경이 필요하다. 그렇다고 열 살을 넘기면 자동적으로 소리에 신경을 덜 쓰고 집중을 더 잘하게 되는 것은 아니다. 여전히 아이들의 귀를 자극하는 소리는 있게 마련이다.

특히 사춘기가 시작되면서부터는 자신과 관련된 이야기에 더욱 귀를 기울인다. 자기 방에서 공부하고 있는 줄 알았던 아이가 어느새 옆에 와서 말참견을 하고 있는 경우가 종종 있었을 것이다. 특히 자신과 관련된 이야기를 하고 있을 때는 어떻게 알았는지 재빠르게 나와서 대화의 내용을 엿듣고 참견하는 모습을 보인다. 조금 큰 아이들은 굳이 공부방 밖으로 나와서 듣는 티를 내지는 않더라도 책상 앞에 앉아서 귀를 쫑긋 세우고 있게 마련이다.

아이의 집중력을 높이기 위해서는 집 안 환경 자체가 차분하고 조용해야 한다. 물론 가족이 함께 식사를 하거나 이야기를 할 때는 즐겁고 큰 목소리를 내는 것도 좋지만 아이만 공부하라고 방에 들여보내 놓고 부모는 마루에서 TV를 크게 틀어놓은 채 보고 있다면 문제가 된다. 가장 좋은 것은 아이가 공부하는 동안에는 TV를 끄고 부모도 함께 책이나 신문을 읽는 것이다. 시끄러운 일을 해야 할 때는 마루가 아닌 다른 방에서 하는 것이 필요하다. 또 공부방의 책상과 마루의 TV가 벽 하나를 사이에 두고 있지는 않은지 가족들의 목소리가 크지는 않은지 살펴봐야 한다.

지저분해야 집중이 더 잘된다?

간혹 적당히 지저분한 곳에서 집중이 더 잘된다는 사람들이 있다. 이런 사람들은 무질서하고 정신없어 보이는 공부방과 책상 위에도 나름의 질서와 규칙이 있다며 다른 사람이 대신 정리해주거나 건드리는 것을 싫어한다. 스포트라이트가 잘 발달된 성인이라면 공부 환경에 대한 이런 선호가 크게 문제 되지 않지만, 아이들은 다르다. 뇌 발달 단계상 등불만 훤하게 비추고 있고 스포트라이트는 없는 아이들의 경우, 공부 환경이 지저분한 만큼 눈에 띄는 것도 많고 만지고 싶은 것도 많아지기 때문에 더 산만해질 수밖에 없다. 그래서 공부방은 깨끗해야 한다. 방 전체가 깨끗할 수 없다면 책상 위라도 깨끗해야 한다. 특히 시선이 향하는 책상 정면에는 공부에 불필요한 물건들이 없어야 한다. 책꽂이도 책상과 분리시키거나 책상 옆에 두는 것이 낫다. 책상에서 손을 뻗으면 필요한 책이나 공책을 꺼낼 수 있는 정도의 가까운 곳에 책꽂이를 두어 아이가 손쉽게 교재를 꺼낼 수 있게 하되, 정면은 피하는 것이 좋다.

아이가 커갈수록 책상머리에 좋아하는 연예인이나 운동선수 사진, 만화 캐릭터 그림 등을 붙여서 부모와 실랑이를 벌이기도 하는데, 이런 것들은 책상 앞보다는 등 뒤편에 붙여놓도록 해야 한다. 공부를 하지 않을 때나 침대에 누워서 보는 것은 가능하도록 해야 마찰이 줄어든다.

책상의 크기가 꼭 클 필요는 없다. 학년이 낮을수록 여러 개의 책을 펼쳐놓고 공부하기보다는 하나의 교재로만 공부를 하기 때문에 큰 책상이 불필요하다. 오히려 책상이 너무 크면 그 위에 이것저것 올려놓게 되어 공부할 때 산만해지기 쉽다. 또 작은 책상은 학교 책상처럼 한정된 공간에서 공부하는 데 적응하는 힘을 키워주는 장점도 있다.

공부 시작한 지 5분도 안 돼서 방문을 열고 나오는 아이

"왜 나와?"

"목말라."

"얼른 물 마시고 들어가."

…

"왜 또?"

"화장실 가려고."

"공부 시작한 지 얼마나 됐다고!"

"그럼 어떻게 해? 바지에 싸?"

우리 엄마는 물 마시는 것, 화장실 가는 것까지 못마땅해하며 잔소리를 한다고 주장하는 아이들이 있다. 조금 큰 아이들은 '우리 집은 기본적인 인권마저 말살되고 있다'며 제법 심각하게 부모를 비난한다. 아이들 입장에서는 생리적 욕구까지 부모 눈치를 보며 충족시켜야 하니 서럽고 억울한 것이 당연하다.

부모들도 억울한 것은 마찬가지이다. TV 볼 때, 게임할 때, 놀 때는 물도 안 찾고, 화장실도 한 번 안 가더니, 왜 꼭 공부만 시키면 주방으로, 화장실로 왔다 갔다 하며 시간을 허비하는지 답답하지 않을 수 없다. 정말 물이 마시고 싶은 것인지, 공부가 하기 싫어 핑계를 대는 것인지도 알 수가 없으니, 아이를 흘겨보거나 한숨을 쉬면서 잔소리를 하게 되는 것이다.

공부 시작 전에 해야 할 일
1. 물 마시기
2. 화장실 다녀오기

이런 실랑이를 줄이려면 공부 시작 전에 물 마시고 화장실 다녀오는 것을 규칙으로 정하고 실천하게 하면 된다. 아이가 공부방에 들어갈 때마다 일일이 쫓아다니면서 잔소리할 수 없으니 공부방 입구에 메모를 붙여두는 것도 좋다. 적당한 크기의 종이에 규칙을 써서 아이 눈높이에 맞게 붙여놓는 것이다. 그리고 아이에게 공부하기 위해 방에 들어갈 때는 항상 메모된 행동을 한 후에 방으로 들어가라고 지시한다. 메모를 읽고도 물을 마시고 싶지 않거나 화장실에 가고 싶지 않다면 바로 방으로 들어갈 수 있지만, 이 경우에는 아이가 방문을 열고 나오면서 물이나 화장실 같은 핑계를 대기가 어려워질 것이다.

공부 시작하기 전에 책상 위를 깨끗이 하고 교재와 필기구를 갖추었는지 확인하는 습관도 필요하다. 공부를 시작하기 전에 책상 위의 불필요한 물건은 서랍 안에 집어넣도록 하고, 필요한 교재와 필기구가 있는지 확인한 후에 공부를 시작하면, 공부하다 말고 자, 지우개, 샤프심 등을 찾으러 돌아다니지 않게 된다.

공부의 효율을 높이는
학습 습관

예상 시간을 정해서 공부도 게임처럼

시간을 가늠하고 시간에 맞추어 행동을 조절하는 능력은 집중력과 마찬가지로 우리 뇌의 전두엽에서 관장한다. 전두엽 기능이 발달할수록 시간에 맞추어 계획을 세우는 능력이 높아지고 집중력 역시 발달하게 된다. 거꾸로 시간을 예측하고 시간에 맞추어 행동을 조절할 기회를 자주 갖게 되면 전두엽 발달이 촉진되고 집중력도 함께 높아진다.

아이들은 시간에 대한 감각이 어른보다 많이 부족해서 특정 활동에 얼마만큼의 시간이 필요한지 잘 예측하지 못한다. 또 끝나는 시간을 모르기 때문에 공부 시간이 더욱 길고 힘들게 느껴지고, 지루함이나 짜증스러움 같은 정서에 압도되어 집중력을 잃게 된다.

아이가 공부를 시작할 때 게임하듯 '끝나는 시간 맞추기'를 하면 집중력을 높일 수 있다. 방법은 간단하다. 공부를 시작하기 전에 얼마만큼의 시간이 걸릴지 미리 생각해보도록 하는 것이다. 알람시계나 스톱워치를 이용하면 더 진지하게 게임을 할 수 있다. 아이에게 "지금 숙제를 시작하면 언제 끝날 것 같니? 30분? 그래? 지금이 4시니까 4시 반에는 끝나겠네. 한번 예상대로 되는지 살펴보자. 엄마가 스톱워치로 시간을 재줄 테니까 준비되면 얘기해. 연필 잡는 순간

부터 시간을 잴 거야!"라고 하면서 공부를 마치 게임하는 것처럼 유도하는 것이다.

아이가 어릴수록 시간 예상을 잘하지 못하고 긴 시간 동안 집중하지도 못한다. 이때는 해야 할 공부를 잘게 나누어 끝나는 시간을 예상할 수 있도록 하면 된다. 예를 들어 오늘 숙제가 국어와 사회라면 그 둘을 한자리에서 끝내도록 하기보다는 국어와 사회 각각의 시간을 예상하고 한 과목이 끝난 뒤에 다른 과목의 시간을 다시 재는 것이 더 좋은 방법이다. 국어 숙제가 2쪽 분량이라면, 1쪽씩 시간을 예상하도록 할 수도 있다. 단 무조건 빨리하거나 시간 내에 끝내기 위해 건성으로 공부하는 것은 경계해야 한다.

공부뿐만 아니라 평소 다른 활동을 할 때도 소요되는 시간을 예상해보는 습관을 들이는 것이 좋다. 밥을 먹을 때나 방청소를 할 때도 "시간이 얼마나 걸릴 것 같니?"라고 묻고 아이의 대답을 기다리면, 아이는 시간을 가늠할 기회를 갖게 되는 것이다. 이렇게 하다 보면 아이가 시간에 맞추어 자신의 행동을 더 잘 조절하게 되고 집중력 또한 높아진다.

10분 공부법

초등학교 6학년생인 정희는 공부에 집중하지 않는 이유를 이렇게 말했다. "집중해서 빨리 끝내면 더 안 좋아요. 우리 엄마는 실컷 힘들게 전부 하고 나면 또 뭐 더 하라고 하거든요. 학습지 다 했다고 하면 책 읽으라고 하고 영어 공부 하라고 하고……. 일부러 천천히 해야 덜 괴로워요.”

상담을 하다 보면 정희와 비슷한 생각을 하는 아이들이 많다. 엄마는 끝없이 시키는 사람이기 때문에 자신이 속도를 조절하지 않으면 해야 할 게 너무 많아진다는 것이다. 아이의 이런 생각을 모르는 엄마들은 20분이면 끝낼 분량을 2시간씩 붙들고 있는 아이를 보면서 머리가 나쁜 것은 아닌지, 너무 굼뜬 성격을 가지고 있는 것은 아닌지 불안해한다.

아이가 자신의 이런 생각을 전하면 엄마는 당황해하며 “네가 해야 할 공부를 다 안 끝내고 놀려고만 하니까 그렇지. 네 일만 잘해봐. 엄마가 왜 그러냐!”라고 말한다. 그리고 이제는 해야 할 공부를 다 끝내고 나면 더 공부하라는 잔소리를 안 하겠다고 다짐한다. 하지만 아이는 엄마의 말을 믿지 않는 눈치이다.

아이가 일부러 천천히 공부를 하며 시간을 허비하고 있다면, 10분 공부법을 제안해볼 수 있다. 과목별로 혹은 교재별로 아이가 해야 할 공부를 적당히 쪼개어서 딱 10분만 집중해서 하도록 하는 것이다. “지금부터 공부를 딱 10분만 할 거야. 공부를 10분만 해야 하니까 10분 동안 최대한 집중해서 공부를 해봐” 하며 부모가 스톱워치나 알람시계로 시간을 정확히 체크해주면 아이는 게임하듯이 공부에 집중할 수 있다.

학창 시절에 초치기로 공부를 해본 사람들은 초치기 공부가 얼마나 집중이 잘되었는지 기억할 것이다. 한정된 시간 내에 일을 끝내야 할 경우 고도의 집중력이 발휘된다. 10분 공부법은 바로 그 원리를 이용한 것이다. 이 방법을 활용하면 처음에는 아이들이 의아해하면서 무슨 함정이 있는 게 아닌가 하고 경계할 수 있다. 하지만 부모가 일관성 있게 10분 공부법을 제안하면 안심하고 10분 동안 고도의 집중력을 발휘할 수 있다.

아이가 10분 공부법에 익숙해지면 차츰 그 시간을 15분, 20분 등으로 늘릴 수 있다. 이때 주의할 점은 부모 혼자 무리하게 시간을 늘려서는 안 된다는 것이다. 아이가 "10분 내에 끝내기에는 너무 할 게 많아요. 10분으로는 부족해요"라며 투덜댈 때까지 기다리면 그 효과는 배가된다.

내가 만약 연예인이라면? 셀프 카메라 활용법

공부할 때 아이 공부방 문을 닫지 못하게 하는 부모들이 있다. 아이가 공부를 하고 있는지 그렇지 않은지 확인하기 위해서이다. 이런 경우 아이는 거실이나 부엌 등에서 나는 소리 때문에 오히려 공부에 집중하지 못하고 감시받는 느낌을 받기도 쉽다. 아이가 부모 감시 없이도 열심히 공부하고 있을 것이라 믿고 방문을 닫아놓는 것이 가장 좋지만, 방문을 닫아놓으면 딴짓, 딴생각으로 시간을 허비하기 일쑤라면, 방문을 열고 공부하게 하기보다는 셀프 카메라를 찍어보게 하는 것이 낫다. 셀프 카메라를 잘 활용하면 아이는 자신의 모습을 객관적으로 관찰하고 평가하는 능력, 즉 셀프 모니터링 능력을 갖게 되어 몸뿐만 아니라 마음도 더 잘 조절하게 된다.

동영상 촬영이 되는 카메라, 휴대전화 등을 활용하면 셀프 카메라는 쉽게 찍을 수 있다. 단 아이 입장에서 동영상 촬영이 감시 카메라나 몰래 카메라로 생각되지 않도록 해야 한다. 마치 텔레비전에 나오는 연예인처럼 자신의 하루 혹은 공부하는 모습을 스스로 촬영해보자고 유도하는 것이 좋다. 이를 위해서는 아이에게 먼저 동영상 촬영에 대한 허락을 구해야 한다. "우리 각자 하는 일을 한번 촬영해보는 것도 재미있을 것 같아. 너는 공부할 때나 피아노 칠 때 모습을 촬영하고 엄마는 책 읽을 때나 집안일을 할 때를 촬영해보는 거야"라며 제안해도 좋다. 아이가 카메라나 휴대전화 작동 방법을 알고 있다면 스스로 설치해 촬영하도록 하고 작동 방법을 모른다면 부모가 설치를 도와주면 된다.

셀프 모니터링 능력을 높이기 위해서는 촬영된 영상을 아이와 함께 보는 시간이 필수적이다. 정해진 공부 시간이나 일정 분량의 공부가 끝나면 촬영을 멈추고 녹화된 내용을 아이와 함께 보면서 얘기를 나누어야 한다.

녹화된 동영상에 대해 부모는 비판자나 평가자가 아닌 관찰자 역할을 해야 한다. 편안하고 즐거운 분위기 속에서 아이와 함께 동영상을 보면서 "5분 동안 문제 푸는 데 열중했구나. 어떻게 저렇게 할 수 있었니?", "멍하니 있는 저때는 무슨 생각을 했었니?", "공부하는 동안 손을 많이 만지는 것 같네. 너도 알고 있었니?", "친구한테 전화가 왔네. 통화 끝나고 바로 공부하는 게 어렵지 않았니?"라고 질문을 하고 아이가 하는 대답을 주의 깊게 들으며 대화를 나누는 것이 좋다. "저것 봐라. 또 움직이네. 어떻게 5분도 집중을 못하니?", "어휴, 도대체 무슨 생각을 저렇게 멍하게 하는 거니? 저러니 늘 책상 앞에 앉아 있어도 성적이 안 오르지" 등의 부정적인 말을 하며 야단쳐서는 안 된다.

편안한 분위기에서 녹화 내용을 보고 생각할 기회를 가질 수 있어야 한다. 그럴 때 아이는 자신의 공부 습관을 객관적으로 바라볼 수 있고, 잘한 점과 잘못한 점을 스스로 발견하게 된다. 또한 부모와 대화를 하는 과정에서 공부할 때 자신이 했던 행동과 생각을 되돌아보면서 자기 자신에 대한 이해를 넓히고 자신의 몸과 마음에 대한 조절 능력을 높일 수 있다. 이렇게 자신의 집중 상태를 객관적으로 바라보면서 문제점을 파악하게 되면 집중력을 높이기 위한 노력도 보다 적극적으로 하게 된다.

딴생각 수첩 활용하기

집중력이 높은 사람은 딴생각을 전혀 하지 않을까? 아니다. 집중력이 높은 사람도 딴생각을 한다. 집중력이 높은 사람과 낮은 사람의 차이는 '딴생각을 하느냐, 안 하느냐'가 아니라, '딴생각을 얼마나 하느냐', '딴생각이 날 때 어떻게 하느냐'에서 생긴다.

집중력이 높은 사람은 딴생각을 짧게 하고, 얼른 원래 하던 활동으로 되돌아갈 수 있다. 왜냐하면 집중력이 높은 사람은 셀프 모니터링 능력이 발달해 있어서 집중하지 않고 딴생각에 빠져 있는 자기 자신을 빨리 알아차릴 수 있기 때문이다. 그리고 딴생각을 하고 있는 자신을 발견하면 '앗! 딴생각을 하고 있었네. 이러면 안 되지. 허비한 시간만큼 더 집중해서 공부해야겠다' 하며 해야 할 일에 다시 집중하려고 노력한다.

반면 집중력이 낮은 사람은 자신의 집중 상태를 모니터링하는 능력이 낮다. 그래서 오랜 시간 딴생각에 빠져 있는 동안에도 자신이 집중하지 못하고 있다는 것을 알아차리지 못한다. 책만 펼쳐놓고 멍하니 딴생각을 하거나 공상을 하다가 한참이 지나서야 겨우 알아차리거나 부모, 교사, 친구 같은 다른 사람이 지적을 해주어야 알게 되는 것이다.

집중력이 낮은 사람은 자신이 집중하지 못하고 딴생각에 빠져 있었다는 것을 알게 된 후에도, 다시 집중하기 위해 애쓰기보다는, 딴생각을 했던 자기 자신을 책망하며 다시 또 시간을 허비한다. '또 딴생각을 했네. 나는 왜 이렇게 집중하지 못하는 걸까? 진짜로 머리가 나쁜가? 어휴, 이러다 정말 엄마 말대로 바보같이 살게 되면 어쩌지? 그런데 승기는 집중력이 높을까? 걔는 게임도 잘하는데 어떻게 집중력도 높지? 걔네 집에는 게임할 것도 많은데……' 하며 또 다른 딴생각으로 빠지게 되기 쉽다.

이런 아이들에게는 셀프 모니터링을 키워주기 위해 했던 "지금 집중을 얼마나 하고 있니?", "지금 너의 집중력 점수는 몇 점일까?" 같은 질문을 자주 해서 자신의 상태를 관찰할 기회를 수시로 주는 것이 좋다. 3장에서 설명했던 5단계 생각법 중 3단계 생각법을 자주 적용하는 것이다.

또한 부모가 늘 따라다니며 집중 상태를 물어볼 수는 없으니 아이 스스로 자신의 집중 상태를 모니터링하도록 돕기 위한 수첩을 활용하는 것도 좋은 방법이다. 손바닥 크기의 작은 수첩을 하나 사주고 아이에게 딴생각이 날 때마다 적으라고 하면 된다. 수첩에 '딴생각 수첩'이라는 이름을 붙여주어도 좋다.

특히 수업 시간이나 공부 중에 딴생각이 나면 수첩에 딴생각의 내용을 적도록 한다. 딴생각의 내용은 자세하게 쓰거나 예쁘게 쓸 필요가 없다. 간단하게 자기만 알아볼 수 있게 빨리 쓰면 된다. 중요한 것은 딴생각을 적은 후에는 얼른 지금 집중해야 하는 수업이나 공부로 주의를 이동시켜야 하는 것이다. 수첩을 활용하면 부모님에게 꼭 해야 하는 말이나 내일의 준비물 같은 중요한 딴생각을 잊어버릴 염려가 없으니 딴생각을 접고 수업이나 공부로 돌아가기가 수월하다.

딴생각 수첩은 아이가 얼마나 딴생각을 많이 했고 어떤 생각을 했는지 감시하기 위한 것이 아니다. 아이 스스로 자신의 딴생각을 관찰하고 관리할 수 있도록 하는 게 그 목적이다. 공부를 하는 도중이나 수업시간에 딴생각이 나면 수첩에 적고 나중에 따로 시간을 내서 그것에 대해 생각해보도록 하면 딴생각을 한 자신을 자책하지 않아도 되고 그 딴생각이 중요한 것일 경우 잊어버리지 않을 수 있으므로 생활을 관리하는 능력도 높아질 수 있다.

남의 말에 귀 기울이지 않는
아이를 위한 대화 습관

집중력이 낮은 아이는 다른 사람의 말을 끝까지 듣지 않고 성급하게 대답한다. 그래서 대화의 내용과는 관계없는 엉뚱한 대답을 하는 경우가 많다. 혹은 다른 사람이 무슨 이야기를 하든 신경 쓰지 않고 자기가 원하는 말과 행동만 한다. 친구들과 어울릴 때도 자기 하고 싶은 말만 하고 다른 친구의 이야기를 들으려고 하지 않는다. 이로 인해 친구들 사이에서 인기를 얻기 어렵고 이른바 '왕따'가 되기 쉽다.

다른 사람의 말에 집중하지 못하는 아이는 수업 시간에도 엉뚱하고 충동적인 말로 끼어들기를 잘한다. 때로는 교사의 질문을 전혀 이해하지 못한 채 발표를 하겠다고 손을 들었다가 정작 발표 기회가 주어지면 엉뚱한 소리를 하기도 한다. 혹은 교사가 설명하고 있는 중간에 불쑥 끼어들어 하고 싶은 말을 해버리는 바람에 수업 분위기를 깨기도 한다.

아이가 다른 사람의 이야기에 집중하지 못하고 엉뚱한 말을 하거나 자기가 하고 싶은 이야기만 하려고 하는 것은 어릴 때부터 길러진 대화 습관 때문이기도 하다. 부모가 아이의 말에 귀를 기울이지 않고 부모가 하고 싶은 말만 일방적으로 전달하거나 아이가 말을 충분히 할 때까지 기다려주지 못하고 아이 대신 이야기를 해주는 것이 반복되다 보면 아이는 대화에 집중하는 법을 익히지 못한다.

대신 말해줘야 할까? 기다려야 할까?

아이들은 어른만큼 자신의 생각과 느낌을 잘 전달하지 못한다. 그래서 부모는 아이를 대신해서 아이의 기분과 생각을 짐작하고 대신 판단해주기도 한다. 이런 방법은 아이가 자기 언어를 갖기 이전 단계, 말이 서툴기 때문에 말로 자신의 느낌과 생각을 표현하기 어려워하는 영유아기 때는 부모가 꼭 해줘야 하지만, 언어 발달과 함께 인지 발달이 활발히 이루어지는 6~7세 이후의 아이와 이야기를 할 때는 부모가 대신 이야기하거나 미루어 짐작하기보다는 아이의 말을 끝까지 들어주는 것이 더욱 중요하다.

부모가 아이의 생각과 느낌을 대신 말해주면 아이는 자신을 표현하고자 하는 욕구가 좌절된다. 아무리 부모라 할지라도 아이의 생각과 느낌을 아이 본인만큼 정확하게 전달할 수는 없다. 아이 말을 중간에 자르면서 부모가 판단한 아이의 마음은 실제 아이의 마음과 다른 경우가 많다. 그런 상황에서 아이는 뭔가 불편하고 아닌 것 같은 마음이 들지만 자신의 논리나 어휘로 부모를 이길 수 없다는 것을 경험을 통해 안다. 그러니 그저 부모의 마음이 자신의 마음인 양 생각하며 반론도 하지 않고 입을 다물어버리게 된다.

이런 아이들은 자신에게 말할 기회가 생기면 억눌려 있던 자기표현 욕구를 충족하기 위해 충동적이고 경쟁적으로 이야기한다. 생각나는 대로 말한다. 그렇기 때문에 그 상황에 맞는 말이 아니라 엉뚱하거나 논리에 맞지 않은 말을 하게 된다.

아이가 다른 사람의 이야기에 잘 집중하도록 하기 위해서는 부모가 먼저 아이의 얘기에 집중해야 한다. 다시 말해 부모가 가장 먼저 해야 할 일은 아이의 말이 끝날 때까지 다 들어주는 것이다. 아이가 말을 하고 있는데 "그래서 선생님이 뭐라고 하셨는데?", "빨리 좀 이야기해봐. 뭘 준비해야 한다고?" 등의 말로 중간에 말을 자르거나 가로채면 아이의 언어 발달과 사고 발달은 거기서 멈추게 된다.

많은 부모가 아이가 발표력과 자신감이 없다고 걱정한다. 그런데 사람들 앞에서 자신의 느낌과 생각을 편안하고 조리 있게 전달하기 위해서는 자신의 생각과 느낌을 편안하게 얘기해본 경험이 많아야 한다. 부모와의 대화는 이러한 경험을 쌓는 훈련의 과정이다. 다소 횡설수설하고 길게 늘어지는 듯해도 그 이야기에 귀 기울여주고 재미있어하면 아이는 자신의 생각을 남들 앞에서 이야기하는 것을 편안하게 여긴다.

집중력 교육을 할 때 아이들에게 생각이나 느낌을 자주 묻는다. 이때 손을 들어 의견을 발표하는 아이들의 대부분이 어른의 기대만큼 똑소리 나게 대답하지 못한다. 어떤 경우에는 질문과 전혀 상관없이 동문서답을 하기도 한다. 이것은 초등학생 시기의 인지 발달 특성 때문에 그렇다. 초등학생은 구체적인 사물이 눈앞에 있거나 경험해본 것에 대해서는 논리를 만들 수 있지만 추상적인 개념을 만들거나 가설 연역적인 추론은 잘하지 못한다.

그런데 아이의 발표 모습을 지켜보는 많은 부모는 그런 아이의 모습을 못마땅해하거나 부끄럽게 생각한다. 아이들의 다소 엉성하고 엉뚱한 대답에 다른 사람들이 웃기라도 하면 얼굴까지 붉히며 어색해한다. 어떤 엄마는 쉬는 시간에 아이에게 "그런 식으로 대답할 거면 아예 손들지 마라. 다른 사람한테 피해 가게 왜 그러니? 바보같이"라고 하며 야단을 치기도 한다. 그러면서 아이에게 발표력과 자신감이 부족하다고 걱정을 한다.

아이가 가지고 있는 지금의 엉성하고 엉뚱한 모습은 나중의 더 나은 모습의 기반이 될 수 있다. 미숙하고 불완전한 논리이지만 그것을 충분히 들어주어야 아이 역시 다른 사람의 말에 귀를 기울일 수 있다.

중간에 말을 자르거나 가로채지 말아야 한다고 해서 아이 혼자만 이야기하게 두라는 뜻은 아니다. "그래", "아!" 등 말의 추임새를 넣어주고 "그래서?", "그런 뒤에는?" 등의 반응을 보이며 이야기에 관심을 가져줄 때 아이는 더 신이 나서 얘기한다. 아이의 말이 일단락 되었을 때는 요약하고 빠진 부분에 대해 질문할 수도 있다.

부모의 이런 태도는 아이의 논리적 사고 발달의 기반이 되고, 갈수록 강화되고 있는 논술에서도 좋은 성적을 받을 수 있는 바탕이 된다. 논리력은 좋은 학원에서 좋은 교재로 공부할 때 키워지는 것이 아니라, 자신의 현재 논리에 충분히 머무르며 스스로 보다 완벽한 논리를 만들어나갈 수 있는 여유를 가질 때 갖춰진다. 아이 대신 생각하고 느껴주기보다 아이의 생각과 느낌을 존중하면서 아이의 경험에 관심을 갖고 귀 기울이는 부모가 아이에겐 절실히 필요하다.

Check List 아이 말에 얼마나 집중하고 있을까?

	아님	가끔	자주	늘

1 아이의 말이 끝나기 전에 말을 자르고 내 의견을 이야기한다.　　0　1　2　3
　예) "그건 네가 잘못한 거야. 내일 가서 사과해!"

2 아이에게 빨리 말하라고 재촉한다.　　0　1　2　3
　예) "빨리 좀 이야기해봐. 어휴! 속 터져."
　　 "얼른 이야기해. 엄마 시간 없어."

3 아이에게 여러 가지 이야기를 한꺼번에 한다.　　0　1　2　3
　예) "숙제는 다 했니? 아빠 언제 오시는지 전화 좀 해봐라.
　　 오늘은 학교에서 야단 안 맞고 잘했니?"

4 너무 크거나 작은 목소리로 이야기한다.　　0　1　2　3

5 아이의 말이 끝나기 전에 다른 질문으로 대화의 주제를 바꾼다. 0 1 2 3

예) "그래서? 또 한마디도 못 하고 왔니? 오늘 숙제는 뭐니?"

6 아이의 말에 "아, 그랬구나", "정말?" 등의 반응을 하지 않고   0 1 2 3

혼자 말하게 한다.

7 과정보다는 결론에만 관심을 보인다.   0 1 2 3

예) "무슨 서론이 그렇게 길어. 그래서 어떻게 됐다고?"

"핑계대지 말고 말해봐. 몇 점 받았는데?"

8 아이가 말하는 동안 딴생각을 하거나 다른 행동을 한다.   0 1 2 3

예) 신문을 읽으면서 아이의 얘기를 듣거나 텔레비전을 보면서

건성으로 대꾸한다.

체크된 항목의 점수를 모두 더해주세요. 총점 ___

0~6점, 아이 말에 잘 집중하고 있다.

아이 말에 집중하면서 아이가 충분히 얘기할 수 있도록 하고 있다. 가끔 보이는 무심한 행동을 줄이고 지금처럼 아이의 말에 귀 기울이면 아이 역시 다른 사람의 말에 잘 집중하는 태도를 가질 수 있다.

7~14점, 아이의 말에 그다지 잘 집중하지 못하고 있다.

아이와 많은 얘기를 나누기도 하지만 아이 말을 자르거나 부모가 하고 싶은 말만 전달하는 경우가 종종 있다. 아이는 부모와 더 많은 이야기를 하고 싶어 하지만 부모가 주도하는 대화 습관 때문에 대화를 충분히 이어나가지 못할 수 있다.

15~24점, 아이의 말에 집중하는 정도가 아주 낮다.

아이의 얘기를 세심히 듣고 충분히 그 마음을 헤아리기보다는 건성으로 듣고 판단할 가능성이 크다. 아이의 마음보다는 상황과 내용에만 몰두해 몰아치듯 바쁘게 이야기하기 쉽다. 아이는 쫓기듯 대화하는 습관을 갖고 다른 사람의 말에도 잘 집중하지 못할 수 있다.

TIP 아이의 말에 귀 기울이는 부모의 대화법

1. 아이의 눈을 쳐다보며 이야기한다.

아이와 대화할 때는 하던 일을 잠시 멈추고 아이와 시선을 맞춘다. 누구나 상대방이 자신의 이야기에 집중하고 있다는 것을 느낄 때 더 신이 나서 이야기하게 된다.

2. 아이가 말을 계속할 수 있도록 추임새를 넣어준다.

"아!", "그래서?", "음" 등의 추임새를 넣어주어 아이의 말에 지속적인 관심을 나타내주는 것이 좋다.

3. 말의 내용보다는 말을 하는 아이의 생각과 느낌에 초점을 맞춘다.

이야기하는 중간중간에 "그때 기분은 어땠니?", "네 생각은 어떤데?", "뭐라고 말하고 싶었어?" 등의 질문을 통해 아이가 자신의 생각과 느낌을 인식하도록 한다.

4. 중간중간에 아이의 말을 요약해준다.

아이의 얘기가 계속될 때 한 번씩 요약해주고 부모가 제대로
이해했는지를 확인한다.

5. 이야기가 끝난 후에는 6하 원칙 중 빠진 부분을 질문한다.

아이의 말이 끝나면 누가, 언제, 어디서, 무엇을, 어떻게, 왜라
는 6하 원칙 중 빠진 부분에 대해 질문을 해서 아이가 스스로
그 부분을 말하게끔 한다.

긴 잔소리가 청각 집중력에 미치는 영향

"너는 도대체 왜 내 말을 안 듣니? 얼마나 더 잔소리를 해야 되냐
고!!!"

많은 부모가 자녀가 부모 말에 집중하지 않는다며 걱정을 한다.

엄 마: 우리 아이는 원래부터 제 말을 잘 안 들었어요. 지금도 제가
　　　　뭐라고 하면 잘 안 들어요. 왜 그러죠?

상담자: 아이가 어머니 말씀을 안 듣는 상황을 좀 예를 들어주시겠
　　　　어요?

엄 마: 예를 들어…… 항상 그래요. 제 말은 흘려듣는 것 같아요. 화장실 물 내리는 것만 해도 그래요. 어릴 때부터 화장실 갔다 오면 물 내리라는 잔소리를 수도 없이 했는데, 오늘 아침에도 물을 안 내렸더라고요. 도대체 왜 제 말을 안 듣는지 모르겠어요.

상담자: 화장실 물을 안 내리면 어떻게 하셨어요?

엄 마: 물 왜 안 내렸느냐고 잔소리도 하고 물 내리라고 소리도 지르고…….

상담자: 언제 잔소리를 하셨어요? 아이가 화장실 갔다 온 직후에 하셨나요?

엄 마: 아뇨. 매번 어떻게 쫓아다녀요. 제가 화장실 쓰러 들어갔는데 안 내려져 있으면 야단을 치는 거죠.

상담자: 그럼 물이 안 내려져 있을 때마다 말씀을 하셨나요?

엄 마: 꼭 그렇진 않아요. 오늘 아침에도 그냥 넘어갔어요. 어제 다른 일로 잔소리한 것도 있는데 아침부터 잔소리하기도 그렇고 해서요. 아이가 크니까 잔소리하면 자기가 오히려 짜증을 내요. 그래서 잔소리도 못 하겠어요.

　같은 행동을 여러 번 지적했는데도 고쳐지지 않으면, 답답하지 않을 부모가 없다. 그래서 같은 지적을 되풀이하게 된다. 이런 부모들 중에는 아이의 청각 집중력에 문제가 있는 것 아니냐며 직접적으로 물어보는 분들도 많다. 실제로 검사를 해보면 또래보다 청각 집중력이 낮은 아이들도 꽤 많이 있다.

그런데 청각 집중력이 낮아서 부모의 잔소리에 집중을 못하는 것인지, 잔소리를 계속 듣다 보니 청각 집중력이 낮아진 것인지는 명확하지 않다. 미세하게라도 청각 기능에 이상이 있는 경우라면 전자에 해당하겠지만, 대부분의 일반 아이들은 후자에 더 많이 속할 것이다. 계속해서 같은 잔소리를 듣거나 장황한 이야기를 듣다 보면 말이 시작되자마자 '또 시작이다' 하며 귀를 닫아버리는 것이다. 이것은 아이뿐만 아니라 어른도 마찬가지이다.

"아이가 말을 잘 들으면 저도 잔소리를 안 하죠. 전들 뭐 잔소리가 좋아서 하겠어요?"

"아이가 잘못하는 게 있는데, 그걸 그냥 내버려둘 수는 없잖아요. 부모가 뭐예요? 아이의 잘못을 바로잡아서 고쳐주는 사람이잖아요."

부모가 잔소리를 할 수밖에 없는 이유와 상황은 다양하다. 하지만 잔소리를 해도 아이의 행동은 안 바뀌고 오히려 귀를 닫아버려 청각 집중력까지 떨어뜨려 버린다면, 그 잔소리는 계속할 필요가 없다. 아무 효과도 없고 부작용만 있는 것을 반복해야 할 이유가 없지 않은가?

잔소리를 줄이려면, 그래서 아이가 부모 말에 귀 기울이게 하려면, 우선 반복해서 잔소리하는 그 행동이 꼭 고쳐야 하는 행동인지부터 곰곰이 생각해보아야 한다.

화장실에서 물을 안 내리는 행동은 큰 잘못인가? 그럴 수 있다. 집 밖에서도 화장실은 써야 하는데 물을 안 내리면 다른 사람에게 피해를 입히니까.

그럼 아이가 화장실 갈 때마다 물을 안 내리나? 가끔 깜빡하나? 매번 그런다면 문제지만, 가끔 깜빡하는 건 있을 수 있는 일이다. 매번 물을 안 내린다면 물을 내려야 한다는 인식부터 만들어주어야 하지만, 가끔 안 내린다면 알고는 있지만 깜빡하는 경우이니 그렇게까지 심각한 문제는 아닐 수 있다. 어른인 우리도 가끔은 휴대전화를 놓고 나가거나 약속을 잊어버리는 것처럼 아이도 깜빡 잊을 수 있는 것이다.

꼭 고쳐야 하는 행동은 그 행동이 일어난 직후에 지적을 해야 고치기 쉽다. 한 시간 전에 화장실 다녀와서 지금은 책을 보고 있는 아이에게 "너 왜 화장실 물 안 내렸어?" 하고 소리 지르면 엄마만 이상한 사람이 된다. 아이가 화장실 다녀오는 소리가 들리면 하던 일을 멈추고 쫓아 나와 "물 내리는 걸 잊진 않았니?" 물어보아야 한다. 매번 쫓아다니며 물어볼 수 없다면, 변기 앞과 화장실 문에 '시원하세요? 그럼 변기도 시원~하게 한 번 내려주세요~' 같은 애교 있는 잔소리 종이를 붙여두면 된다. 깜빡 잊고 싶어도 잊을 수 없게 눈에 잘 띄는 곳에 큼직하게 붙이면 효과 만점이다.

더 좋은 것은 화장실 물 안 내리는 행동 정도는 그냥 지나치고 잔소리를 아껴두는 것이다. 그것 말고도 아이에게 가르쳐야 하는 중요한 행동은 많다. 너무 많은 행동에 간섭을 하게 되면 정작 중요한 행동을 가르치려고 할 때 영향력을 발휘할 수 없게 된다. 늘 화내는 사람이 또 화를 내면 주변 사람들은 '또 뭐 기분 나쁜 일이 있나 보다' 생각하고 대수롭지 않게 지나치지만, 평소 화를 안 내던 사람이 화를 내면 '무슨 일이지? 어떻게 해야 하지?' 생각하며 긴장하는 것과 마찬가지이다. 시간 지나면 자연스럽게 배우고 습관 들일 수 있는 행동이라면 적당히 못 본 척 내버려두는 것이 아이의 청각 집중력을 위해서도 부모의 권위를 지키기 위해서도 좋다.

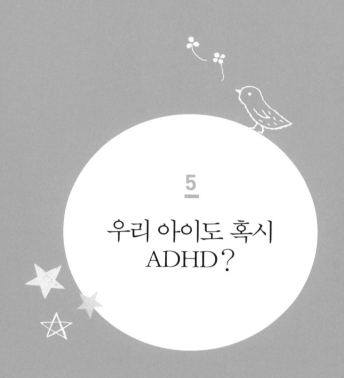

5

우리 아이도 혹시
ADHD?

당신의 자녀들은 당신의 것이 아닙니다
_칼릴 지브란

당신의 자녀들은 당신의 것이 아닙니다.

그들은 생명의 아들이고 딸입니다.
그들은 당신을 통하여 왔지만 당신에게서 온 것은 아닙니다.
또한 당신과 함께 있으나 당신의 것은 아닙니다.

그들에게 당신의 사랑을 줄 수 있으나 생각은 줄 수 없습니다.
왜냐하면 그들은 자기의 생각이 있으니까요.

당신은 그들의 몸을 가둘 수는 있어도 마음을 가둘 수는 없습니다.
왜냐하면 그들의 마음은 '미래의 집'에 거주하기 때문입니다.
당신은 그곳을 방문할 수 없습니다. 꿈속에서조차도.

당신이 그들처럼 되고자 해도 좋으나
그들을 당신처럼 만들고자 하지는 마십시오.
왜냐하면 인생은 과거로 가는 것도 아니며
어제에 머무르지도 않기 때문입니다.

"우리 아이가 주의력 장애인가요? 혹시 그런 게 아닌가 싶어서요. TV에 보니까 그 병에 걸린 아이가 나오던데, 우리 아이와도 비슷한 점이 있더라고요."

"얘네 반에도 ADHD 아이가 있거든요. 그래서 엄마들 사이에서도 말이 좀 나고 문제가 있는 아이인데, 우리 아이는 그 정도는 아니거든요. 그런데 우리 아이가 집중력이 낮기는 한 것 같아요. 다른 아이들만큼 집중을 잘하지는 못하는 것 같거든요. 혹시 우리 아이도 ADHD인가요?"

"병원에 데리고 갔더니 ADHD는 아닌데 가만 놔두면 그쪽으로 갈 수도 있다고 하더라고요. 약을 먹이라고 하는데 겁도 좀 나고, 담임선생님은 약을 먹여야 할 정도로 심한 것 같지는 않다고 하셔서……."

학부모와 상담을 하다 보면 종종 듣게 되는 말들이다. 각종 언론과 인터넷 등에서 주의력 결핍 및 과잉 행동 장애(영어로 Attention Deficit Hyperactivity Disorder, 줄여서 ADHD라고 함)에 대한 정보를 많이 다루어서인지, 부모들 중 상당수는 이미 ADHD에 대한 어느 정도의 지식을 가지고 있는 것 같다. 그런데 부모들이 ADHD에 대한 잘못된 지식이나 모호한 정보에 의존해서 지나친 걱정을 하는 경우도 많다. 아이의 집중력이 낮은 것이 ADHD라는 병에 걸렸기 때문이 아닌지 궁금해하고 걱정하는 부모들을 위해 이번 장에서는 ADHD에 대한 객관적 정보를 담고자 한다.

산만하면 모두 ADHD?

ADHD는 발달 수준에 부적절한 정도의 주의 산만, 과잉 행동, 충동성을 특징적으로 나타내는 장애를 일컫는 의학 용어이다. 자신의 연령이나 학년에서 기대되는 정도보다 훨씬 더 많이 산만하거나 충동적일 경우 ADHD를 의심하게 된다.

ADHD는 주의력 결핍 우세형과 과잉 행동 충동 우세형 그리고 그 둘이 함께 나타나는 혼재형으로 구분되는데, 우선 주의력 결핍 우세형은 다음의 ADHD 행동 특성 9개 중 6개 이상에 해당할 경우 진단될 수 있다. 주의력 결핍 우세형은 몸 움직임이나 신체 에너지가 많다기보다는 깜빡깜빡 잘 잊어버리고, 세세한 차이에 주목하지 못하고, 체계적으로 정리하지 못하는 것과 같은 행동들이 주로 나타난다.

1 숙제나 공부 같은 활동을 할 때 상세한 부분까지 주의를 기울이지 않거나 부주
   의로 인한 실수를 한다.

2 해야 할 일을 할 때 계속해서 주의 집중을 유지하는 데 어려움이 있다.

3 직접 얼굴을 맞대고 이야기하는데도 잘 듣지 않는 것처럼 보인다.

4 지시를 끝까지 따르지 못하고 활동을 끝마치지 못한다(지시를 거부하거나 이해할
   수 없어서가 아님).

5 과제와 활동을 체계적으로 조직하는 데 어려움이 있다.

6 지속적으로 정신을 집중해야 하는 과제(예를 들면 공부, 숙제)를 회피하거나 싫어
   하거나 아예 시작하려고 하지 않는다.

7 과제나 활동에 필요한 물건들(준비물, 연필, 장난감, 책 등)을 자주 잃어버린다.

8 소음이나 다른 기타 자극에 의해 쉽게 주의 산만해진다.

9 일상적으로 하는 일들을 잘 잊어버린다.

　반면 과잉 행동 충동 우세형은 크고 소란스러운 말과 행동, 다
른 사람을 방해하는 충동적인 행동 등을 포함하는 다음 9개 행동
중 6개 이상 해당되어야 한다.

1 손발을 가만두지 못하고 앉은 자리에서 꼼지락거린다. 혹은 꿈틀거린다.

2 가만히 앉아 있어야 하는 상황에서 자리를 뜬다.

3 앉아 있어야 하는 곳에서 너무 많이 뛰어 돌아다니거나 기어 올라간다.

4 조용한 놀이를 시작하거나 계속하는 데 어려움이 있다.

5 끊임없이 움직이거나 마치 모터가 달린 것같이 행동한다.

6 지나치게 말을 많이 한다.

7 질문이 채 끝나기도 전에 대답이 튀어 나온다.

8 자기 차례를 기다리기 어렵다.

9 다른 사람들의 대화나 활동을 방해하거나 참견한다.

그리고 복합형은 주의력 결핍과 과잉 행동 충동이 모두 나타날 때 진단된다.

그런데 이러한 행동이 있다고 해서 무조건 ADHD로 진단되는 것은 아니다. 문항을 읽으면서 느꼈겠지만, 여기에 열거된 행동들은 누구나 할 수 있는 행동이고 특히 아이들은 더 많이 하는 행동이다. 그러니 지금 현재 이러한 행동을 한다고 해서 모두 ADHD로 진단하지는 않는다. 모든 정신과 장애 진단과 마찬가지로 ADHD 진단 역시 얼마나 오랫동안(지속 기간), 얼마나 자주(빈도), 얼마나 심하게(강도) 행동하느냐가 중요하다.

어릴 때부터 눈에 띄게 산만했는가?

최근에는 진단 기준이 크게 완화되어 만 12세를 기준으로 하지만, 전통적으로는 만 7세 이전부터 현재까지 지속적으로 또래보다 훨씬 더 자주, 더 심하게 산만하고 충동적이었어야 한다. 전통적인 방식에 따라 조금 엄격하게 진단한다면, 초등학교 입학 이전부터 또래들보다 심하게 부주의하고 움직임이 많은 아이였는지가 고려되어야 한다.

"아니에요. 우리 아이는 오히려 순하고 조용한 편이었어요. 유치원 때까지도 산만하다는 생각은 못 했는데 초등학교 입학하고 산만하다는 것을 알게 되었어요. 공개수업 때 학교에 가서 보니 혼자 딴짓 하고 선생님 설명 안 듣고 다른 데 쳐다보고 그러더라고요. 깜짝 놀랐어요."

이런 경우는 아이의 산만한 행동이 ADHD 때문이라기보다는 학교라는 새로운 환경에 적응을 잘 못해서 나타나는 것일 수 있다. 바로 ADHD로 진단내리기보다는 학교 적응을 도와주면서 조금 더 지켜보는 것이 필요하다.

"요즘 부쩍 산만해졌어요. 사실은 저도 잘 몰랐는데, 집에 오시는 선생님이 그러시더라고요. 요즘 집중을 잘 못한다고요."

이런 경우, 최근에 아이 앞에서 부부싸움을 자주 했다거나, 엄마아빠가 바빠져서 예전만큼 관심을 못 보여주었다거나, 학습량을 갑자기 늘려서 아이가 버거워하고 있다거나, 동생이나 다른 형제에게 관심을 빼앗겼다거나, 할머니가 편찮으셨다거나, 이사나 전학을 했다거나 하는 등의 생활 속의 변화와 스트레스가 증가하지 않았는지 확인할 필요가 있다. 산만하고 부산스러운 행동은 스트레스 상황에서 흔한 반응이다. 일시적인 스트레스나 환경적 변화로 인해 산만해진 경우라면, 스트레스의 원인을 줄이거나 변화에 대한 인내력을 키우는 노력이 필요하다.

ADHD는 수학 문제를 풀 때만, 영어 공부를 할 때만 산만하게 행동하지 않는다. 체육 시간에도 산만하고 밥을 먹을 때도 산만하다. 다 같이 앉아서 수업을 듣거나 공부를 해야 할 때는 산만한 행동이 더 두드러지고 문제시되기 때문에 그런 장면에서 더 산만해 보일 수는 있지만, ADHD는 체육 시간에도, 식사 시간에도 다른 아이들보다 더 수다스럽고 부산스럽다.

집에서는 괜찮은데 학교에서만 산만하다거나 학교에서는 괜찮다고 하는데 집에서만 집중을 못하는 경우에도 ADHD로 진단되기 어렵다. 학원이나 학교와 같이 성격이 비슷한 두 곳이 아니라 집이나 학교와 같이 성격이 다른 두 곳 이상에서 산만한 행동이 공통적으로 나타나야 하기 때문이다.

학교에서만 집중을 못한다면, 학교 수업을 이해하지 못하거나, 수업에 대한 흥미가 낮거나, 학교생활에서 즐거움을 느끼지 못하는 것과 같은 문제 때문일 수 있고, 집에서만 집중을 못한다면 부모님의 양육 방법이 아이와 맞지 않거나, 잘못된 학습 습관을 가지고 있거나, 학습량이 지나치게 많기 때문일 수 있다.

아이가 좀 산만하기는 하지만 성적도 공부한 만큼 잘 나오고 친구들과의 관계도 원만하다면 이 역시 ADHD는 아니다. 미국정신의학회의 ADHD 진단 기준은 '사회적, 학업적, 직업적 기능의 질을 방해하거나 감소시킨다는 명확한 증거'를 필수 요건으로 정하고 있다. 산만해도 공부도 잘하고 친구들과도 잘 지낸다면, 산만함을 병으로 취급하고 고치려고 하기보다는 개성으로 인정하고 스스로 조절할 수 있게 도와주는 것이 맞다.

"지금은 괜찮아도 학년이 높아지면 문제가 될 수 있다고 하던데요? 가만두면 ADHD로 발전할 수도 있다고 하면서……"라며 불안함을 호소하시는 분들도 있는데, 아이에게 부족하거나 문제가 될 만한 것이 있으면 그것을 고칠 수 있게 도와주면 되지, 굳이 ADHD로 이름 붙이고 장애아로 낙인찍을 필요는 없다. 부족한 집중력을 기르고 올바른 공부 습관을 길러주기 위한 노력은 ADHD라는 낙인 없이도 충분히 할 수 있기 때문이다.

ADHD는 진행되는 병이 아니다. 어릴 때부터 산만함이 또래 아이들보다 아주 심했고, 그것으로 인해 현재 친구들과 사이좋게 놀지 못하거나 공부한 만큼 성적이 안 나오는 문제가 오랜 시간 나타났었다면 모를까, 지금 좀 산만한 행동이 있다고 해서 ADHD로 '발전'하지는 않는다.

우울하거나 불안해도 집중을 못한다

산만한 아이들 중에는 우울한 기분이나 불안감 때문에 몸을 가만히 두지 못하는 아이들도 많다. 실제로 우울 장애나 불안 장애 진단기준에는 '주의 집중의 곤란'이 포함되어 있다. 어른들도 우울한 기분이 계속되거나 걱정과 불안이 많을 때는 집중이 잘 안 되는 것처럼, 아이들도 마찬가지이다.

아이들은 어른들에 비해 자신의 기분을 인식하는 능력('내가 우울하구나'), 기분의 원인을 찾는 능력('그래, 어제 친구한테 들은 그 말 때문에 화가 나고 기분이 가라앉는 것 같아'), 기분을 전환하거나 관리하는 능력('나쁜 뜻으로 한 말이 아닐 수도 있는데 너무 깊게 생각하지 말자' 혹은 '다음엔 그 친구가 나오는 모임엔 가지 말아야겠어')이 모두 부족하기 때문에 자신이 우울한지, 불안한지, 왜 그런지, 그런 감정들을 어떻게 해결해야 하는지 모른 채 생활하는 경우가 많다.

어른들과 마찬가지로 아이들도 대부분의 경우 우울감이나 불안감을 잠시 느끼고 난 후에 다시 일상적인 수준의 기분으로 회복이 되지만, 스트레스가 계속되는 상황에서는 우울과 불안을 만성적으로 느끼며 불안정하게 생활하는 경우도 종종 있다. 이럴 때는 ADHD와 비슷하게 산만하고 충동적인 행동을 하게 된다. 그러니 아이가 집중을 잘 못할 때는 ADHD만 걱정할 것이 아니라 마음에 짐이 있는 건 아닌지, 심리적 스트레스가 과중한 상황은 아닌지 살펴보는 것이 필요하다. 그리고 3장에서 다룬 정서와 관련된 부분을 더 세심하게 적용하되, 심리상담과 같은 전문적 개입도 고려하는 것이 좋다.

TIP 우울한 아이들의 행동 특성

1. 활력이 없고 매사에 시큰둥해한다.

예) "몰라요", "귀찮아요", "내버려두세요" 같은 성의 없는 대답, 말투.

2. 식욕이 없거나 지나치게 먹는 것에 집착한다.

   (그래서 우울한 사람은 갑자기 살이 빠지거나 찐다.)

예) 밥을 먹기 싫다고 함, 배고프지 않는데도 먹을 것을 계속 찾음 등.

3. 잠을 잘 못 자거나 쉽게 깬다.

예) 자다가 자주 깨서 욺, 잠들기 어려워함 등.

4. 잘 울거나 감정 변화가 심하다.

예) 잦은 짜증, 예기치 않은 감정 폭발 등.

5. 활동이 부산스럽거나 공격적으로 행동한다.

예) 이유 없이 여기저기 돌아다님, 갑자기 화를 냄, 책을 집어 던짐 등.

6. 외로움을 자주 표현한다.

예) 외롭다, 사랑받고 싶다 등의 표현을 말이나 행동으로 함.

TIP 불안한 아이들의 행동 특성

1. 불필요한 걱정이 많다.

예) '가족 여행을 간 사이에 집에 도둑이 들면 어떻게 하지? 집에 불이 나면 어떻게 하지?'와 같은 불필요한 걱정.

2. 신체적 긴장이나 흥분 상태를 자주 나타낸다.

예) 가쁜 호흡, 빠른 심장 박동, 손에 땀이 남, 발을 동동 구름 등.

3. 한 자세로 차분히 있지 못하고 안절부절못해한다.

예) 다리 흔들기, 손가락 움직이기, 이곳저곳 쳐다보기 등.

4. 피로감을 쉽게 느낀다.

예) 생기가 없고 지친 표정, 시큰둥한 반응 등.

5. 집중을 잘 못하고 멍하게 있다.

예) 수업 시간에 먼 산을 쳐다봄, 대화 내용의 많은 부분을 놓침 등.

6. 잠을 잘 못 자거나 쉽게 깬다.

예) 자다가 자주 깨서 욺, 잠들기 어려워함 등.

7. 낯선 환경에 대한 두려움이 크다.

예) 새 학년이 되면 긴장함, 한 번 가봤던 길로만 가려고 함 등.

8. 틱tic과 같은 과도한 근육 긴장 상태를 나타낸다.

예) 눈이나 입 근육 실룩거림, 쿵쿵 소리 냄 등.

ADHD에 대한
오해와 이해

ADHD는 뇌 이상 때문이다?

"ADHD는 뇌가 이상하다면서요? 그래서 약을 먹여야만 일반인들처럼 뇌가 움직인다고 하던데요?"

ADHD 진단을 받은 후 약물 치료를 고민하고 있는 부모들에게 자주 듣는 질문이다.

사실 ADHD의 뇌를 fMRI 같은 최신의 도구를 이용하여 촬영한 결과에 근거한 연구들은 그다지 많지 않다. 그리고 얼마 안 되는 그 연구들도 ADHD의 '전부'가 아니라 '일부'에게서만 일반인들과는

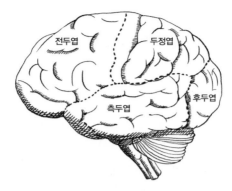

전두엽　　　　두정엽

측두엽　　　　후두엽

인간 뇌의 전두엽 영역

다른 뇌 상태를 보고한다. 그러니 ADHD가 뇌 이상 때문이라는 결론은 매우 성급하다. ADHD 뇌 이상설은 '진실'이라기보다는 '가설'에 더 가깝다.

그리고 일부 ADHD에게서 발견되는 뇌 이상 부위는 대부분이 전두엽 피질 부분이다. 전두엽은 측두엽, 후두엽, 두정엽과 함께 대뇌피질을 구성하고 있고, 대뇌피질은 대뇌 바깥쪽에서 감각을 종합하여 고도의 지적 작업을 수행하는 역할을 한다.

대뇌피질은 인간을 인간답게 하는, 즉 동물과 구분시키는 뇌의 부위라 할 수 있다. 인간의 대뇌피질은 호두껍데기와 같이 꼬불꼬불한 주름으로 되어 있는데, 이 주름이 얼마나 촘촘하게 나 있느냐가 전두엽은 물론 측두엽, 후두엽, 두정엽 각각이 제 기능을 얼마나 원활하게 잘하느냐, 즉 인간다운 생각과 감정 조절, 그리고 행동을 하게 하느냐를 결정하게 된다.

성인의 대뇌피질은 매우 정교한 회선으로 이루어져 있고 주름을 모두 펼칠 경우 표면적이 2,000제곱센티미터에 달하는 것으로 알려져 있다. 반면 쥐의 대뇌피질은 주름 없이 평평한 형태만 갖추고 있다. 인간 역시 태아 때는 그저 평평한 상태의 대뇌피질의 형태만 가지고 있다가 성장과 함께 (어떠한 환경 속에서 어떠한 자극을 받으며 자라느냐에 따라) 점점 더 꼬불꼬불한 주름을 갖게 된다. 결국 동물과 인간의 차이는 평평했던 대뇌피질이 성장과 함께 꼬불꼬불해지느냐, 처음과 다름없이 그대로 평평한 상태에 머무느냐의 차이에 의해 나타나는 것이고, 어린아이와 성인의 차이 역시 마찬가지이다. 또 같은 연령의 사람이라고 해도 대뇌피질의 주름 정도는 동일하지 않다. 흔히 말하는 똑똑한 사람, 성숙한 사람이 그렇지 않은 사람보다 더 깊고 촘촘한 주름을 가지고 있다.

대뇌피질 중에서도 전두엽은 가장 높은 수준의 고등의 사고 기능을 담당한다. 그래서 전두엽은 뇌의 사령탑, 뇌 속의 뇌라는 별명을 갖고 있다. 전두엽은 상황 추리하기, 계획 세우기, 부분으로 전체를 유추하기, 문제 해결하기 등과 같은 사고 기능과 기억, 감정을 성숙하게 조절하고 처리하는 기능 등을 담당한다.

전두엽은 몇 살까지 계속해서 자랄까? 전두엽은 우리 뇌 중에서 가장 늦게까지 발달하는 영역이다. 최근의 연구들은 전두엽이 20대 초반까지 성장함을 입증하고 있다. 탄생과 함께 서서히 발달하다가

12세를 전후하여 가장 크게 성장하고 이후에도 꾸준히 성장하여 20대 초반이 되면 어느 정도 제자리를 잡게 되는 것이다.

그러니 이미 2차 성징을 마치고 엄마, 아빠보다 더 큰 덩치를 갖게 되는 고등학생, 대학생이라 하더라도 상황 판단과 감정 조절 능력은 여전히 성인에 비해 부족할 수밖에 없다. 우리 아이들이 어른들 눈에는 바보같이 보이는 판단을 하고 감정에 휩쓸려 일을 그르치게 되는 것은 전두엽이 덜 자라서이기 때문이다.

일부 ADHD 아이들에게 발견되는 뇌 이상, 즉 전두엽 이상은, 엄밀하게는 '이상'이라는 표현보다는 '발달 지체'라는 표현이 더 맞다. 성장을 멈춘 뇌의 어떤 부분이 돌이킬 수 없는 손상을 입게 되어 영구적인 문제를 갖게 되는 것이 아니라, 성장하고 있는 뇌의 어떤 부분이 보통 아이들보다 늦게 자라고 있는 것이기 때문이다.

그럼 지체되어 있는 전두엽 발달을 어떻게 촉진할 수 있을까?

우리의 뇌는 환경과의 상호작용을 통해 성장한다. 뇌에 이상이 있다는 것을 선천적으로 문제를 가지고 태어났다거나 바꿀 수 없는 치명적인 문제를 가지고 있다는 것으로 잘못 받아들이는 사람들이 많은데, 인간의 뇌, 그중에서도 특히 전두엽은 성인이 되기 전까지 변화의 가능성이 크다. 전두엽은 적극적인 태도로 세상과 교류하며 즐거움과 성취감을 느끼는 과정을 통해 꾸준하게 발달시킬 수 있다.

"아이가 ADHD 진단을 받고 나니 한편으로는 홀가분하기도 하더라고요. 병이라니까, 아이 잘못도, 내 잘못도 아닌 거잖아요. 병인

걸 몰라서 아이한테 화를 냈었구나 싶어 아이한테 미안하면서, 병이니 이제 어쩔 수 없구나 싶어 우울하기도 하더라고요. 그 전까지는 이것저것 해보고 애를 바꿔보려고 했었는데 ADHD라고 하니까 힘이 빠지면서 이제 뭘 해줘야 하나 싶어요"하며 눈물을 흘리던 어머니가 떠오른다.

아이의 현재 상태를 정확히 알고 아이를 이해하는 것은 꼭 필요하지만, 뇌 이상 때문이라는 성급하면서도 근거가 미약한 결론으로 아이의 발달을 촉진하기 위한 노력을 중단하는 것은 옳지 않다. 뇌는 고정 불변의 것이 아니다. ADHD는 못 고치는 병도, 한 번 걸리면 평생 안고 가야 하는 병도 아니다. 책을 읽고 있는 지금도 우리의 뇌는 움직이며 변화하고 있다.

ADHD로 진단되었다고 해서 아이의 뇌 발달을 도와줄 수 있는 활동과 교육을 멈추어서는 안 된다. 지금까지와는 다른 방법으로, 뇌를 피곤하게 하고 좌절시키는 방법이 아니라, 뇌를 즐겁고 생기 넘치게 하는 방법으로 다른 아이들보다 뒤처진 전두엽 발달을 도와주면 된다. 이 책에서 제시한 다양한 방법들 중에 아이가 잘 반응하고 스트레스 없이 즐겁게 하는 것들을 꾸준히 도와주면 된다.

ADHD이건 아니건 전두엽이 담당하는 사고, 기억, 감정 조절과 같은 능력을 지금의 뇌가 받아들일 수 있는 수준에서 가르치고 반복적으로 연습할 수 있게 도와주면 된다. 그러면 아이의 집중력은 더 잘 발달하게 되고, 자신의 감정을 더 잘 조절할 수 있게 되고, 상황에 맞는 행동을 더 많이 할 수 있게 되고, 더 나은 해결책을 스스로 찾아낼 수 있게 된다.

TIP 사춘기 아이들의 변화와 전두엽의 기능

요즘은 사춘기가 빨라져서 초등학교 3~4학년만 되어도 사춘기가 시작되는 아이들이 있다. 사춘기가 빨라진 원인은 여러 가지로 설명되지만, 예나 지금이나 사춘기가 되면 아이들은 이성적 판단 능력이 떨어지고 감정 기복이 심해지는 것은 똑같다. 엄마가 야단치면 서러워서 눈물만 뚝뚝 흘리며 잘못했다고 빌거나 혼날 때는 시무룩했다가도 금세 기분이 풀어져 엄마 주위를 맴돌던 아동기와는 달리, 사춘기가 되면 아이들은 소리를 지르고 방문을 쾅 닫고 들어가서 베개를 던지며 분노와 설움을 폭발시킨다. 이런 변화 역시 전두엽 기능과 관련된다.

사춘기 아이들은 2차 성징이 나타나면서 급격한 신체 변화를 겪는데, 이 시기에는 뇌 역시 급격한 변화를 이루고 전두엽도 급속한 성장을 하게 된다. 전두엽이 성장하면 사고 기능과 감정 조절 기능도 향상되어 어릴 때보다 더 현명하게 판단하고 자신의 감정도 더 잘 조절할 수 있어야 마땅하지만, 실제 사춘기 아이들은 어릴 때보다 더 많이 충동적으로 행동하고 감정

기복도 심해진다.

왜 그럴까? 전두엽 신경세포가 과잉 성장되어 오히려 제 기능을 원활히 수행하지 못하기 때문이다. 전두엽 신경세포는 엄청나게 늘었지만 이것들이 뇌의 다른 부분들과 원활하게 교류하지 못하게 되면서 오히려 어릴 때보다 더 낮은 판단과 감정 조절 능력을 갖게 되는 것이다. 그러니 사춘기 아이들에게는 어린아이처럼 차분히 멈추어 생각해보고, 감정의 원인을 분석하고, 가장 좋은 해결책을 찾아보는 시간을 갖게 해주어야 한다.

"네 나이가 몇 살인데 아직도 그걸 모르니? 엄마가 언제까지 네 눈치만 살펴야 돼!" 하며 화를 낼 것이 아니라 "엄마가 곰곰이 생각해보니 네가 서운하기도 하고 화도 났을 것 같아. 엄마가 시험 앞두고 잔소리하는 게 너를 못 믿는 것 같아 섭섭하기도 하고, 그렇잖아도 불안하고 초조한데 엄마까지 잔소리를 하니까 짜증이 폭발했겠지" 하며 다독이는 것이 전두엽이 하루빨리 제 기능을 원활하게 수행할 수 있도록 하는 데 도움이 된다. 문제는 이런 대화를 한 번만 하면 되는 것이 아니라 몇 개월, 길게는 몇 년 동안 계속해야 한다는 것이다. 부모로서는 제일 고단한 시기이지만 피할 수는 없다.

'신이 모든 사람과 함께 있을 수 없어서 어머니를 만드셨다'는 말을 되새기며 전두엽이 제 기능을 원활히 할 수 있는 시기를 기다릴 수밖에 없어 보인다.

ADHD는 약물치료를 꼭 해야 한다?

ADHD에게 약물치료가 꼭 필요하다는 주장은 ADHD가 뇌 이상 때문이라는 주장에 근거한 것이다. 하지만 앞에서 설명한 바와 같이 모든 ADHD가 뇌 이상이 있는 것도 아니고, 일부에게서 보고되는 뇌 이상도 아직 완전히 성장하지 않은 전두엽 부분이다. 때문에 뇌 발달을 촉진하기 위한 여러 노력을 통해 일반 아이들과 마찬가지로 전두엽을 발달시킬 수 있다. 그러니 ADHD로 진단받은 모든 아이에게 약물치료가 꼭 필요한 것은 아니다.

약물치료의 효과가 가장 큰 아이들은 지나치게 에너지 수준이 높아 움직임이 크고 많은 아이들이다. ADHD에게 투여되는 약물은 중추신경 자극제인데, 이를 통해 신체 활동성이 억제되는 효과를 얻게 된다. 중추신경 자극제를 복용하면 활동성이 너무 커서 한자리에 차분히 앉아 있지 못하고 돌아다니거나, 지나치게 시끄럽고 말이 많은 행동이 줄어들어 과잉 행동과 충동성이 줄어든다. 이러한 중추신경 자극제의 효과는 ADHD인 사람이나 그렇지 않은 사람 모두에게 유사하게 작용한다. 그래서 중추신경 자극제에 잘 반응한다고 해서 아이가 ADHD란 것을 의미하지는 않는다.

반면 활동성이 큰 것이 아니라 멍하니 딴생각을 많이 하거나, 공부를 깨작거리면서 하거나, 준비물을 자주 잃어버리거나, 작은 손장난이 많은 등의 행동 때문에 산만하다고 평가되는 아이들은 약물치료의 효과가 크지 않다. 오히려 이런 아이들 중에는 약물 복용 후에 활동성이 지나치게 낮아져서 힘없이 앉아 있거나 졸려 하는 모습을 보이는 경우도 많다.

ADHD 치료약은 종류가 다양하고, 사람에 따라 약에 대한 반응이 다르기 때문에 약물치료를 선택한 경우라면, 아이에게 가장 적합한 약물의 종류와 복용량을 찾아나가는 과정을 거쳐야 한다. ADHD 치료제는 감기약이나 항생제처럼 체중을 기준으로 복용량이 정해져 있는 약이 아니기 때문에, 아이마다 필요로 하는 용량에 차이가 있다. 그러니 약물치료를 선택했다면, 약을 복용한 후 아이에게 나타난 변화를 꼼꼼히 관찰하고 기록해서 의사에게 보고하여 복용량을 조절하거나 종류를 바꾸는 노력을 여러 차례 반복해야 한다. 그래야 아이에게 가장 잘 맞는 약을 찾을 수 있고 약물치료의 효과를 볼 수 있다.

ADHD에게 처방되는 약물은 여러 부작용을 낳기도 한다. 잠을 잘 못 이루거나 입맛을 잃어 밥을 안 먹으려 드는 것은 가장 흔히 보고되는 부작용이다. 그래서 ADHD 약물을 복용하는 아이들은 그렇지 않은 아이들에 비해 평균 신장과 체중이 적은데, 똑같은 수치를 가지고도 그 차이가 심각하니 약물 복용을 자제해야 한다는 입장과 그 정도 차이는 미미한 수준이니 약물 복용을 하는 것이 낫다는 입장이 엇갈린다.

그러니 약물치료를 선택하는 것은 철저하게 부모의 몫이어야 한다. "우리 아이는 너무 움직임이 많아 수업 내용도 많이 놓치고 선생님께 지적도 많이 받았었는데 약물 복용 후에 활동이 적어져서 집중을 더 잘하게 되어서 좋아요. 밥을 좀 덜 먹긴 하지만 학교에서 문제아로 찍히는 것보다는 나은 것 같아요" 하면 약물치료를 하는 것이고, "약을 먹이면 조금 더 집중을 잘하는 것 같기도 하지만, 어떤 날은 약을 안 먹고도 그 정도 집중을 하거든요. 그래서 제가 약을 먹였나 착각을 한 날도 있었어요. 약 먹이고 난 후에 짜증도 늘고, 없던 틱까지 생겨서 약을 안 먹이고 싶어요" 하면 약물치료를 중단할 수도 있다.

약물치료는 과잉 행동을 낮추는 기능을 하는 것이지, 과제의 성격에 맞추어 집중력을 조절한다거나 상황에 맞게 자신의 행동을 조절하는 것과 같은 능력을 키워주는 것은 아니다. 때문에 약물치료를 선택하더라도 아이에게 집중력과 자기통제 능력, 감정 조절 능력 등을 높여주기 위한 교육과 심리치료는 병행되는 것이 바람직하다.

ADHD 약물의 부작용

1 두통

2 위통(복통)

3 식욕 변화

4 수면 장애

5 이른 아침, 늦은 저녁, 밤 등의 짜증

6 다른 사람들과 잘 교류하지 않고 사회적으로 위축됨

7 너무 슬퍼하거나 비정상적인 울음을 터트림

8 멍하니 있고 피곤해함

9 손을 떨거나 부들부들 떨리는 느낌

10 반복적인 행동, 틱, 부르르 떨기, 갑자기 깜짝 놀라는 시늉(근육 연축), 눈 깜빡거림

11 피부를 꼬집거나 손톱을 물어뜯거나 입술이나 입안의 점막을 씹는 행동

12 현재에 없는 소리나 사물을 듣거나 보는 증상(환청, 환상)

(ADHD a Complete and Authoritative Guide. 미국소아과학회[American Academy of Pediatrics])

ADHD는 문제투성이이다?

호기심이 많다.

열정적이다.

창의성이 풍부하다.

혁신적이다.

모험적이다.

동시 처리 능력이 뛰어나다.

새로운 환경에 잘 적응한다.

ADHD의 긍정적 부분을 열거한 것이다. 어떤 학자들은 ADHD
를 에디슨 성향을 가진 아이들이라고 이름 붙이기도 한다. 만일 아
인슈타인이 살아 있을 당시 ADHD라는 진단 체계가 있었다면 아
인슈타인 역시 ADHD로 진단받았을 것이라 주장하는 사람도 많다.

그리고 그들은 에디슨과 아인슈타인 같은 사람들에 의해 인류가 발전했음을 잊어서는 안 된다고 한다.

실제로 ADHD 성향으로 인해 성공한 사람들은 주변에서도 쉽게 찾을 수 있다. 보통 사람들보다 더 많은 열정과 에너지로, 남들이 가지 않는 길에 과감하게 뛰어들어 새로운 분야에서 입지를 굳힌 사람들 중에는 ADHD 행동 특성을 보이는 사람들이 많다.

미국 위스콘신대학 특수교육과 교수인 로버트 저건Robert Jergen은 남들과 다르게 생각하고 느끼고 행동하는 자신이 괴물이나 외계인이 아니라 ADHD라는 것을 알게 된 24세 때부터 자신을 이해하고 수용하기 시작했고, 그 후에 남들보다 빨리 박사학위를 받고 대학교수가 되고 다른 학자들이 평생에 걸쳐 쓸 만큼의 연구 논문을 몇 년 만에 발표하는 놀라운 성과를 보여주었다.* 이유를 알지 못한 채 사람들에게 배척만 당하던 시절엔 알코올중독에 자살 시도까지 했었지만 이제는 자신의 삶에 매우 만족하고, 심지어는 결혼을 해서 아이를 낳게 된다면 그 아이 역시 ADHD이기를 바란다고 할 정도로 ADHD인 자신을 긍정하고 있다.

ADHD 아이들의 상당수는 학교 부적응, 학습 결손, 왕따 등을 경험하면서 낮은 자존감과 우울, 불안 등을 겪고 있다. ADHD이기 때문에 이런 어려움을 겪는 것이 아니라, ADHD인 것을 이해받지 못

---

* 더 자세한 내용은 《리틀몬스터: 대학교수가 된 ADHD 소년》(조아라 역, 학지사, 2005)을 참고하기 바란다.

하고 문제투성이로 취급받았기 때문에 이런 어려움을 겪는 것이다. 자신을 문제투성이로 취급하는 사람들과 매일 접촉을 하면서 피해 의식과 열등감을 경험하고 점점 더 큰 분노로 세상과 마찰을 일으키게 되는 것이다.

로버트 저건 교수처럼 ADHD이지만 성공한 많은 사람은 학교를 암흑기로 묘사한다. 그리고 그 암흑기를 버틸 수 있었던 것은 자신을 믿어준 소수의 선생님, 가족의 지지가 있었기 때문이라고 한다. 그리고 그들은 학교를 벗어나 더 큰 세상으로 나왔을 때는 자신의 능력을 발휘할 수 있는 곳이 생각보다 많았다고 한다.

ADHD가 나쁜 의도를 가지고 일부러 문제를 일으키는 것이 아니며, 문제뿐만 아니라 강점도 있는 사람이라는 점은 분명하다. 이들 역시 남들과 다른 자신만의 독특한 특성으로 인해 혼란과 좌절을 겪고 있지만 도움을 주면 행동 조절을 위해 노력한다. 또 교실과 같은 제한된 공간이 아닌 보다 넓은 사회에서는 남들보다 더 큰 에너지로 더 많은 성과를 낼 수도 있다. 그러니 이들을 장애아로 낙인 찍고 문제투성이로 취급할 것이 아니라 남들과 다른 방식의 학습 성향과 도움을 필요로 하는 존재, 일반 사람들과는 다른 방식으로 언젠가는 사회에 더 큰 기여를 할 수 있는 존재로 받아들이는 것이 필요하다. 그러면 이들은 자존감을 잃지 않은 채 어른이 될 수 있으며, 에디슨이나 아인슈타인처럼 인류 발전에 큰 기여를 하는 위인이 될 수도 있다.

부록

아이와 함께하는 집중력 놀이

1. 집 안에 있는 작은 물건들을 10~20개 정도 준비해서 상자나 주머니 안에 넣습니다. 연필이나 지우개, 색연필 같은 학용품을 크기나 색깔이 다른 것으로 여러 개 준비해도 좋습니다. 그 외에도 클립, 립스틱, 명함, 카드, 핸드크림, 작은 크기의 장난감, 포크 등을 여유 있게 준비합니다.

2. 상자나 주머니 안 물건 중 몇 개의 물건을 골라 아이 앞에 놓아줍니다. 5~10초 정도 관찰하도록 한 후 아이에게 손으로 눈을 가리거나 뒤돌아 앉으라고 합니다. 그리고 그중 하나의 물건을 빼고 물건들의 배열도 살짝 바꿉니다. 그리고 아이에게 빠진 물건이 무엇인지 맞히도록 합니다. 빼낸 물건은 엄마 등 뒤에 숨겨놓았다가 아이가 답을 이야기하면 '짜잔' 하고 보여줍니다.

3. 보여주는 물건의 개수는 아이의 연령과 집중 능력을 고려해서 정하시면 됩니다. 처음에는 5개에서 시작해보세요. 그리고 아이가 70% 이상 맞힐 수 있는 수준으로 물건의 개수를 늘리거나 줄이면 됩니다.

4. 아이가 놀이에 적응한 후에는 역할을 바꾸어서 아이와 부모가 번갈아가며 물건을 제시하고 맞히는 놀이를 해도 좋습니다.

★ 청각 집중력을 높이는
손뼉 치기 놀이

1. 이야기를 들려주며 특정 단어(예를 들어 과일 이름, 꽃 이름, 주인공 이름, 동물 이름 등)나 음절(어, 다, 했 등)이 나오면 손뼉을 크게 치는 놀이입니다.

2. 아이에게 들려줄 이야기를 준비한 후 마주 앉습니다. 단어나 음절이 나오는 순간 빠르게 쳐야 함을 강조한 후 책 읽는 속도로 이야기를 읽어줍니다.

3. 이 놀이를 잘하려면 특정 단어나 음절에 주의를 기울여서 재빠르게 손뼉을 쳐야 하는 것은 물론, 엉뚱한 단어나 음절을 듣고 실수로 손뼉을 치지 않도록 스스로를 조절할 수 있어야 합니다. 그래서 충동성을 조절하는 데도 도움이 됩니다.

4. 같은 이야기로 손뼉 치기를 2~3번 한 후에는 마음속으로 단어나 음절의 개수를 세면서 손뼉 치는 규칙을 추가합니다. 손뼉을 작은 소리로 친다거나 느리게 치지 않으면서 마음속으로 개수를 세도록 하는 것입니다. 아이가 숫자 세는 것을 어려워하면 중간중간 이야기를 멈추고 "지금까지 몇 개가 나왔니?" 하고 물어보셔도 좋습니다.

이야기 예시

- **'꿀'이라는 단어가 나오면 손뼉을 치세요.** (전체 개수: 10번)

먹음직한 꿀을 발견하면 꿀벌들은 일시에 많은 무리가 몰려들어요. 처음엔 한두 마리지만 곧 수많은 벌들이 몰려와 꿀을 딴답니다. _3번
빨리빨리 모이라고 말을 한 것도 아닌데 어떻게 꿀벌이 모이게 된 것일까요?

꿀벌이 모일 수 있는 이유는 바로 꿀벌들이 몸짓으로 대화를 하기 때문입니다. 꿀벌은 꿀을 딸 수 있는 꽃밭을 발견하면 춤을 추어 다른 벌들에게 위치를 알려줘요. 꽃밭이 꿀벌의 집에서 가까운 곳(100미터 안)에 있으면 동그라미 춤을, 더 멀리 있을 때는 8자 춤을 추지요. _9번
여러 번 빙빙 돌수록 꽃밭이 가까운 데 있고, 조금만 돌면 멀리 있다는 뜻이에요. 그리고 아주 가까운 곳에 있을 때는 초승달 모양의 춤을 춘답니다. 부지런한 꿀벌은 지혜롭기도 하네요. _10번

- **'태'라는 음절이 나오면 손뼉을 치세요.** (전체 개수: 14번)

"안녕, 친구! 내 이름은 하하! 네 이름은 뭐야?"

"내, 내 이름은 태, 태우야. 이태우."

"반갑다. 태우야! 우리 사이좋게 지내자."

하하가 태우를 와락 끌어안았어요. 태우는 조금 낯설어서 어깨를 움츠렸어요. 그런데 부둥켜안고 있던 하하가 갑자기 태우 겨드랑이를 간질이기 시작했어요.

"으아하하하하하!"

태우는 너무 간지러워 몸을 배배 꼬면서 웃다가 주저앉았어요. _8번

"웃었다! 웃었어! 너 방금 웃은 거 맞지? 앗싸, 반은 성공! 그럼 우리가 잠잘 때 꼭 데리고 자는 개는?"

태우는 고개를 갸우뚱했어요. 태우네는 개를 키우지 않으니 데리고 자는 개도 있을 리가 없었죠. 태우가 조금 뜸을 들였어요. 하하는 태우 눈치를 보다가 큰 소리로 말했어요.

"베개!"

태우가 푸하하하 웃음을 터트렸어요. 하하도 옆에서 하하하하 웃었지요. 한바탕 웃고 난 태우는 재미있는 친구를 주문하길 잘했다는 생각이 들었어요. _14번

_《내 멋대로 친구 뽑기》(최은옥 글, 김무연 그림, 주니어김영사) 중에서 발췌

★ 지속적 집중력을 높이는
암호 해독하기

1. 기호와 짝이 되는 자음과 모음을 각각 눈으로 확인하도록 한 후, 기호를 보고 짝이 되는 자음과 모음을 찾아 암호 해독을 하도록 합니다.

2. 연습문제를 같이 풀어봅니다.

3. 각 기호 옆에 각각의 자음과 모음을 써둔 후 그것들을 조합해서 하나의 글자를 만들게 할 수도 있지만, 작업 기억력을 함께 높이기 위해서는 글자 하나를 완성할 때까지는 종이에 쓰지 말고, 이미 찾은 자음과 모음을 머릿속으로 기억하면서 나머지 글자를 찾도록 하는 것이 더 좋습니다.

4. 암호 해독을 한 후에는 직접 암호를 만들어보도록 하는 것도 좋습니다. 처음에는 아이의 이름이나 집 주소 등을 암호로 써보도록 해서 연습을 시키고, 이후에는 아이의 생각을 암호로 표현하도록 해보세요.

• **암호 해독하기 정답** (272쪽)
  연습문제: 사랑해
  1: 난 항상 네 편이야.
  2: 너의 집중력이 점점 좋아지고 있어.
  3: 하루하루 너와 함께하는 시간이 소중하고 행복해.

암호 해독하기

ㄱ	ㄴ	ㄷ	ㄹ	ㅁ	ㅂ	ㅅ	ㅇ	ㅈ	ㅊ	ㅋ	ㅌ	ㅍ	ㅎ
△	★	✚	○	▶	◓	✖	♠	✱	♥	♪	◆	□	●

ㅏ	ㅑ	ㅓ	ㅕ	ㅗ	ㅛ	ㅜ	ㅡ	ㅣ
♫	=	◎	◈	◐	♣	■	▲	▢

연습문제 ✖♪○♪♠●♪□

---

1 ★♪★ ●♪♠✖♪♠ ★◎□ □◈★♠□♠=.

---

2 ★◎♠▲□ ✱□◓✱■♠○◈△♠□ ✱◎▶✱◎▶
   ✱◐●♠♪✱□△◐ ♠▲✖✖♠◎.

---

3 ●♪○■●♪○■ ★◎♠◐♪ ●♪♪▶△△◎□●♪★▲★
   ✖□△♪★♠□ ✖◐✱■♠●♪△◐ ●♪□♠◓◐△●♪□.